總書目

社會主義史

（上卷）

新青年丛书

黄乔生　张远航　主编

中央编译出版社
CCTP Central Compilation & Translation Press

图书在版编目（CIP）数据

社会主义史．上卷 / 黄乔生，张远航主编．-- 北京：中央编译出版社，2025.3
（新青年丛书）
ISBN 978-7-5117-4424-1

Ⅰ．①社… Ⅱ．①黄… ②张… Ⅲ．①社会主义—政治思想史 Ⅳ．① D091.6

中国国家版本馆 CIP 数据核字 (2023) 第 086434 号

社会主义史．上卷

责任编辑　张　科
责任印制　李　颖
出版发行　中央编译出版社
地　　址　北京市海淀区北四环西路 69 号（100080）
网　　址　www.cctpcm.com
电　　话　（010）55627391（总编室）　（010）55627312（编辑室）
　　　　　（010）55627320（发行部）　（010）55627377（新技术部）
经　　销　全国新华书店
印　　刷　北京盛通印刷股份有限公司
开　　本　797 毫米 ×1094 毫米 1/16
字　　数　142 千字
印　　张　19
版　　次　2025 年 3 月第 1 版
印　　次　2025 年 3 月第 1 次印刷
定　　价　1280.00 元（全 8 册）

新浪微博：@ 中央编译出版社　　微　　信：中央编译出版社（ID：cctphome）
淘宝店铺：中央编译出版社直销店（http://shop108367160.taobao.com）（010）55627331

前言

新文化運動時期，中國先進知識分子的思想發生着激烈的碰撞與轉變。經過新文化運動的洗禮，中國先進知識分子在十月革命和五四運動的影響下，通過學習、宣傳馬克思主義以及『與勞工爲伍』的實踐，擴大了馬克思主義思想的陣地，一批進步青年轉變爲馬克思主義者，并迅速投入到宣傳馬克思主義和創建中國共産黨早期組織的行動中去。這批進步青年中的杰出代表有陳獨秀等人。陳獨秀是中國新文化運動的發起人，中國共産黨創始人之一。1915年，陳獨秀在上海創辦《青年雜志》（後更名爲《新青年》），對舊思想、舊文化、舊禮教發起了猛烈批判。陳獨秀在《新青年》上發表了大量馬克思主義文獻，促進了馬克思主義的傳播。在《新青年》第一卷第一號裏，陳獨秀在其撰寫的《法蘭西人與近世文明》一文中論道：『近世文明之特徵，最足以變古之道，而使人心社會劃然一新者，厥有三事，一曰人權説，一曰生物進化論，一曰社會主義是也。』又説，『德意志之拉薩爾及馬克思承法人之師説，發揮而光大之。』從以上論述看，陳獨秀對馬克思主義學説的本源和主要内容的認知層次尚淺。1920年，陳獨秀在

《新青年》第八卷第一號發表《談政治》一文，宣稱拋弃先前崇仰的西方民主共和政治，擁護馬克思主義的無産階級革命和無産階級專政。該文標志着陳獨秀從激進民主主義轉向馬克思主義、從文人學者轉爲馬克思主義者、對馬克思主義從淺顯認識走入信仰。他的言行給中國社會特别是青年知識分子帶來了不可低估的影響。

新文化運動爲當時中國人的思想解放打開了一扇門，而第一次世界大戰及其所引起的一系列灾難性後果，促進了各國人民群衆的覺醒，推動了各國革命運動迅速高漲，對中國社會也産生了重大的影響。第一次世界大戰推動了世界無産階級運動的發展，1917年11月7日，俄國爆發震驚世界的十月革命，列寧領導的布爾什維克黨推翻了資産階級統治，建立了工農蘇維埃政權。俄國十月革命給陷于彷徨、苦悶的中國人昭示了新的理想目標和建國方案，這就是走俄國人的路，搞社會主義。毛澤東同志指出，『十月革命一聲炮響，給我們送來馬克思列寧主義』。十月革命後，李大釗以極大的熱情關注着俄國革命的發展，搜集關于俄國革命和馬克思主義的書報，學習和研究馬克思主義。1918年11月，他在《新青年》發表《法俄革命之比較觀》一文，號召人們研究十月革命的經驗，迎接這個世界的新曙光。在中國被瓜分的危機時刻，李大釗發表了《庶民的勝利》一文，進一步歌頌十月革命的勝利，指出馬克思主義必將在全世界取得勝利。1919年，李大釗在發表的《布爾什維主義的勝利》一文中指出，十月革命所開始的，『是世界革命的新紀元，是人類覺醒的新紀元。我們在這黑暗的中國，死寂的北京，也仿佛分得那曙光的一綫，好比在沉沉深夜中得一個小小的明星，照見新人生的道路』。

十月革命給中國人帶來了巨大啓示，那就是經濟文化落後的國家也可以用社會主義思想來指引自己走向解放之路，這是馬克思主義在中國加速傳播的客觀原因。十月革命誕生的第一個社會主義國家，不僅號召反對帝國主義，而且以平等態度對待中國，這是推動馬克思列寧主義在中國廣泛傳播的又一個重要原因。

1919年7月，蘇維埃俄國政府公開發表第一次對華宣言，宣布廢除『沙皇政府從中國攫取的滿洲和其他地區』，『廢弃(俄國人在中國境内的)一切特權』等。該《宣言》于次年衝破中國反動當局的新聞封鎖，在《新青年》等刊物上發表出來。長期飽受資本主義列强欺凌的中國人民在得知《宣言》的内容之後，感到『無任歡喜』。在新民學會長沙會員大會上，青年毛澤東就曾興奮地指出，『因俄式系諸路皆走不通了新發明的一條路，祇此方法較之别的改造方法所含可能的性質爲多』。

1919年爆發了以學生鬥争爲先導、各階層積極響應的反帝愛國的五四運動。五四運動轟轟烈烈開展起來後，學生罷課、工人罷工將奮起救國推向高潮，在這次堅決的反帝反封建運動中，中國無産階級開始登上政治舞臺。

五四時期，在這批先進分子中，李大釗是中國最早的馬克思主義者之一。陳獨秀在五四運動的推動下，逐漸否定過去信仰的資産階級民主主義，開始轉向科學社會主義，并組織和領導工人運動。毛澤東、周恩來等人在五四運動的推動下，由激進民主主義者逐漸轉變爲馬克思主義者。

毛澤東在五四運動前後接觸和接受馬克思主義，創建了革命組織新民學會，他創辦的《湘江評論》别開生面，成爲反帝反封建和傳播科學社會主義的有力陣地之一。1919年12月，毛澤東第二次來到北京，有機會閱讀更多的有關馬克思列寧主義和俄國革命的書籍，進一步系統地掌握了馬克思列寧主義理論武器。他在自己的回憶裏説：『我第二次到北京期間，讀了許多關于俄國情况的書。我熱心地搜尋那時候能找到的爲數不多的用中文寫的共産主義書籍。有三本書特别深刻地銘記在我的心中，建立起我對馬克思主義的信仰。我一旦接受了馬克思主義是對歷史的正確解釋後，我對馬克思主義的信仰就没有動摇過。這三本書是：《共産黨宣言》《階級争鬥》《社會主義史》。到了1920年夏天，在理論上而且在某種程度的行動上，我已成爲一個馬克思主義者了，而且從此我也認爲自己是一個馬克思主義者了。』

五四運動爆發後，周恩來在天津積極投入愛國運動，主編《天津學生聯合會報》，參與發起建立覺悟社。覺悟社成爲天津學生愛國運動的領導核心。1920年1月，周恩來等人在反帝愛國運動中被北洋軍閥政府天津警察廳拘捕。在被拘捕期間，他向難友們作了五次介紹馬克思學説的講演。其内容涉及：馬克思傳記、唯物史觀、剩餘價值學説和階級鬥争史等。

參加辛亥革命的董必武、林伯渠、吴玉章等一批先進分子，在五四時期成爲馬克思主義者。著名的馬克思主義理論家、中共主要創始人和早期領導人之一——李達翻譯的《社會問題總覽》，對馬克思主義唯物史觀作了較系統的闡述。馬克思主義傳播者楊匏安發表的《馬克斯主義》，對馬克思主義三個組成部分作了比較全面的闡述。李漢俊翻譯的《馬格斯〈資本論〉入門》，對馬克思主義經濟學作了系統論述。中國現代文學家、中共早期主要領導人之一——瞿秋白1920年8月作爲《晨報》的記者出訪蘇俄，并加入共産黨。瞿秋白在蘇期間，奮筆著述，寫了大量關于俄國和十月革命的文章，受到蘇維埃政府的熱情接待，多次見到列寧。從1921年開始，瞿秋白在《新青年》和北京《晨報》上發表了十篇重要通訊，對蘇俄的政治、經濟、文化、外交、黨的建設、工人組織、農民問題等作了較爲系統的報道和介紹。這是十月革命後，第一次由中國人向全中國人所作的關于列寧和社會主義國家的真實介紹。

五四運動後，馬克思主義在中國的廣泛傳播并且日益同中國工人運動結合的過程，也就是從醞釀、準備到建立中國共産黨的過程。1920年2月，陳獨秀在李大釗的親自護送下前往天津，途中，他們在騾車上商討了建立中國共産黨的問題。陳獨秀到上海後，就開始到工人中了解罷工情况，和工會組織一起組織集會發表演講，宣傳馬克思主義。1920年《新青年》第七卷第六號《勞動節紀念號》專刊共發表28篇文章，其中大部分反映了北京、天津、長沙、南京等地工人的狀况。《勞動節紀念號》的編輯發行，是中國先進分子與工人運動相結合的產物。經過醞釀和準備，在陳獨秀的主持下，共產黨早期組織于1920年8月在上海法租界老漁陽裏2號《新青年》編輯部正式成立，取名『中國共產黨』，這是中國的第一個共產黨組織，陳獨秀任書記。1920年3月，北京大學成立馬克思學説研究會，成員大多是五四運動中的骨幹和積極分子。該研究會是中國最早學習和研究馬克思主義的團體，爲建黨做了重要準備。經過一系列準備工作，北京的共產黨早期組織于1920年10月在北京大學圖書館李大釗的辦公室正式成立，當時取名『共產黨小組』。黨組織最初的成員有李大釗、張申府和張國燾三人。1920年底，北京黨組織召開會議，決定成立『共產黨北京支部』，由李大釗任書記。上海、北京的共產黨早期組織成立後，武漢、長沙、廣州、濟南等地的先進分子以及旅日、旅法華人中的先進分子也相繼建立了共產黨早期組織。

『新青年叢書』是上海的中國共產黨早期組織的一項重要宣傳舉措，由新青年社出版，是中國共產黨早期組織出版事業的開端，也是中國人民選擇社會主義道路的初心見證。在陳獨秀的主持下，上海新青年社開始有組織、有選擇、有目的地譯介有關歐洲社會黨運動和社會主義理論的文本，進而轉變到對馬克思主義理論各個組成部分進行理論闡釋。出版者曾在出版書目上列出要出版《社會主義史》等八種圖書，後由于當時條件的變化，第四種《俄羅斯研究》未能出版，衹出版了其中的七種，即第一種《社會主義史》、第二種《社會主義討論集》、第三種《哲學問題》、第五種《到自由之路》、第六種《歐洲和議後之經濟》、第七種《工團主義》、第八種《階級争鬥》。一百多年後，我們第一次將這批珍貴文獻整體性地呈現出來，有利于我們深化馬克思主義學理性研究，更加堅定中國特色社會主義的道路自信、理論自信、制度自信、文化自信。

張遠航

新青年叢書第一種

社會主義史

英國克卡樸原著
英國闢司增訂
李季翻譯
蔡元培序

本書所用的句讀符號和他種文字符號，列表如下：

1. 。 表一句的收束。
2. ， 表一頓或一讀。
3. ； 表含有幾個小讀的長讀，或特別注重的短讀。
4. ： 表冒下文，或總結上文。
5. ？ 表疑問。
6. ！ 表驚歎。
7. …… 表删節。
8. —— （甲）表忽轉一個意思。（乙）表夾註的字句。（丙）表總結上文幾小段。
9. 「」 表引用語的起結；有時也表特別提出的名詞或句語。
10. ｜ 字右邊的直線表一切專名詞。
11. ﹏ 字右邊的曲線表書報名。

社會主義史序

我們中國本有一種社會主義的學說；如論語記孔子說：「有國有家者，不患寡而患不均；不患貧而患不安。蓋均無貧；和無寡；安無傾。遠人不服；則修文德以來之。既來之，則安之。」就是對內主均貧富，對外不取黷武主義與殖民政策。禮運記孔子說：「人不獨親其親；不獨子其子。使老有所終；壯有所用；幼有所長；矜寡孤獨廢疾者皆有所養。男有分；女有歸。貨惡其棄於地也，不必藏於己；力惡其不出於身也，不必為己」。就是「各盡所能，各取所需」的意義；且含有男女平等主義。孟子記許行說：「賢者與民並耕而食，饔飧而治。」就是「汎勞動」主義。

中國又本有一種社會政策。周禮「小司徒經土地而井牧其田野」。「遂人辨其野之土，上地，中地，下地，以頒田里」。孟子說「鄉田同井；出入相友；守望相助；疾病相扶持」。「設為庠序學校以教之」。漢書食貨志：「民年二十受田；六十歸田。七十以以，上所養也。　十歲以下，上所長也。　十一以上，上所强也。」「女修蠶織」。「春令民畢出在野，冬則畢入於邑。……入者必持薪樵，輕重相分，斑白不提挈。　冬民既入，婦人同巷相從，夜績女工。……必相從者，所以省費燎火，同巧拙而合習俗也」。　雖是偏着農業一方面，但不能不認爲社會政策的一種。　後來宋儒常常想恢復井田，但總沒有什麼機會。

西洋的社會主義，二十年前，纔輸入中國。　一方面是留日學生從日本間接輸入的，譯有「近世社會主義」等書。　一方面是留法學生從法國直接輸入的，載在新世紀日刊上。後來有民聲週刊，簡單的介紹一點。　俄國多數派政府成立以後，介紹馬克思學說的人多起來了，在日刊月刊中常常看見這一類的題目。　但是切切實實把歐洲社會主義發起以來，一切經過的情形，敘述出來的，還沒有。我友李君懋猷取英國闢司所增訂的克卡樸社會主義史用白話譯出，可以算是最適用的書了。

克氏此書成於一八九二年，於社會主義的學說，敘述得頗詳。　但是社會主義派最近的運動，自然有遺漏的。經關司於一九一三年增訂一回，加入的不少。雖然大戰以後，俄國新政府的設施，國際聯盟條約中勞工規約的討議，各國同盟罷工的勃起，礦山鐵道國有問題的要求，這些重大事變還沒有包在裏面。但是一九一三年以前的事實，很可以資考證了。

克氏關氏，都是英國人，自然是穩健派。所以對於以前的社會主義，很有消極的批評。又如辯護家庭；辯護宗教；辯護中央與地方政府；甚且辯護英國的殖民政策；讀的人一定有嫌他們不徹底的。但是他們所敍述的給我們的教訓，已經很多。

在這部書裏面說：「現在一般有名的研究家，都承認歷史——經濟的歷史在內——是許多有次序的現象之連續體，凡在連續綫內的各種情形，都有種種特別的事實和傾向標明出來」。「一個時代的失敗，常指出以後一個時代中成功的路道」。「我們討論社會主義運動的問題，不獨當以歷史和人類為準則，還須特別參考現在流行的各種勢力——工業的，政治的，社會的，和道德的勢力」。狠可以令我們猛省，知要實行這種主義，必要有各種的研究。不是隨便拈出幾句話頭，鼓吹鼓吹，就有希望的。

他說：「差不多沒有一國的工界像比國的工界一樣，受那種難以名狀的痛苦。從前比國工人毫無知識，作工的時間極長，工價極廉，他們既沒有政治上的權利，又沒有一點組織，所以常被壓制」。這不是我們工界的時間縮影麼？但是「最近幾十年來，比國社會主義運動以組織堅固和包羅宏富兩點著名」。「從英國採入他的協作和自助；從德國採入他的政治上的策略和根本上的原則；從法國採入種種理想上的傾向」。他的特點是「他的協作的大組織」。「比國的協作社會已經使比國的工黨根深蒂固，在世界各國中，除德意志外，沒有能和他相比較的」。這不是我們應當注意的方法麼？

他敍工團主義的起源，說：「法國人發生三種觀念：一，工人階級在政治上得不到救助；二，國會是一羣自謀私利的空談家，他們只要有官做，或有賄得，他們就會犧牲他們向來的主義；三，中央政府是一個仇敵」。因而工團主義的觀念：「一，工界的救援不在乎政治方面，而在乎自助和自己組織團體；二，要制勝資本家，不在乎公衆所組織之政治性質的團體，而在乎工界所組織之工業性質的團體；三，工人第一是一個作工的人，如做礦工，工程師，成製棉工人，第二才做一個國民」。「工團主義是純粹工界的產物。不是一個人的力量造成的；他是由許多不著名的人之種種意見相合而成的；他的發生是出乎自然的」。我們中國無論什麼組織，總是有政客想利用他；那法國的工團主義不是我們應該注意的麼？

他說：「人類發展之中，有兩種要素：就是腦力的發達和合羣原則的發達」。又說「從現時過渡到社會主義時代，……一定是漸進的，必先做一番預備功夫，使大多數人民的知識，道德，習慣，和組織都合於一種更高的社會經濟的生活」。這就是工人教育問題。第一是學者的加入；如「美國各大學校學生中有許多是社會主義者，這些人中間有許多是在德國各大學得過學位的。當一九一〇年，各校社會主義社有十支社，到一九一二年增至五十二支社」。又如英國「費邊會在各地方組織支部……在牛津大學，劍橋大學，和別的大學裏面，都有支部。……近來聯合成一個大學社會主義同盟會」。第二是特別的教育；如德國社會民主黨有教育委員會，「當一九一二年至一九一三年的時候，對於經濟學，歷史，文學，美術，社會主義，哲學；協作運動，工聯主義，政治學，和各種專門學科，共講演三千五百次。　此外，還公開無數的音樂會，歡迎會，和演戲等」。「又有一種活動影戲，也是用作傳播社會主義之用的」。「柏林有一個社會主義學校。　在這個學校裏面，每年有三十一個當選的年齡不同之男子和婦女，教授普通史；社會史；憲法史；政治經濟學；社會主義的歷史和學說；社會和工業的法律；演說術；和作文法；新聞事業；和別的學科」。「設一個婦女部；……預備各種小冊子和別種印刷品在婦女中分發」。「設法使青年和社會主義相接觸，組織六百五十個地方委員會，專辦這一類的事務。　還辦一種特別的新聞紙，名爲勞動少年。　在二百七十四處地方設有少年圖書館。　自一九一二年至一九一三年舉行演講會四千五百次；開音樂會和歡迎會二千四百零五次；舉行旅行會，博物院參觀會等等共一萬四千三百次。　他又刊佈小冊子八十二萬五千份，分發國內各青年」。這不是我們應當效法的麽？

我讀了這部譯稿，發生許多感想。　特將重要一點的寫出來，表示我介紹此書的誠意。

中華民國九年七月二十三日蔡元培。

社會主義史序

我國自「五四」運動以來，新思潮震盪全國，眞有「一日千里」之勢。近一年來新出版的報章雜誌有好幾百種，都競談世界各文明國的新學說，而社會主義尤爲談論的焦點，並且很受社會上的歡迎。

但是我們要討論一種學說，對於他必先具一種有統系的知識，才能夠判斷他的好歹，決定他是否可以實行。社會主義運動在歐，澳，美各洲非當發達，而派別亦復甚多；我們對於這種運動要想具一種有統系的知識，須先從歷史下手。我譯克卡樸社會主義史的目的，就在這一點上。

克卡樸是英國一個有名的學者；他這部書紀載世界重要各國社會主義運動的源流和派別，既很詳細，又很扼要。但是這部書從出版到現在差不多有三十年了，故近來各國社會主義運動的事實，都付「闕如」。一千九百十三年英國著名的社會主義家闢司應發行人的請求，將克氏原本中關於解釋社會主義的節段，删去許多；又將近來各國社會主義運動的事實，撮要編入，至一千九百十三年爲止，較原書約增加八分之一。此書既出於兩個名人之手；遂成爲一部極完全和極有價值的書；讀者諸君細玩一遍，對於各國蓬蓬勃勃的社會主義運動，當能「瞭如指掌」。

當我譯這部書的時候，蒙蔡子民先生代譯好些德法文書報名，胡適之先生指示疑難之處，張申府先生改正各專名詞的譯音，我對於三先生是很感謝的。我於三個月之內，譯完此書，下筆時雖力求不失原文的本意，然以時間短促，因疏忽而陷於錯誤之處，在所難免；國內學者如肯加以指導，使再版時得重行改正，那是我所最希望的。

中華民國九年七月一日李季。

社會主義史序

克卡樸著了這部社會主義史，在他將死之前，正值第四次出版，他在第四版的序中曾說，他這部書有兩種目的：第一就是將歷史的社會主義中各主要的方面標明出來，第二就是對於社會主義運動作一種概括的批評和解釋。

我因為應發行人的請求，遂擔任訂正這部書的第五版，據我的意見，書中注重第二種目的之章節，大可以删去許多，也沒有什麼妨礙。 當一千八百九十二年克卡樸初次刊佈這部書的時候，所有解釋社會主義的英文著作，可以供專門學者研究的資料的，實在不可多得。到了現在，各重要的社會主義者所著的書籍，非常之多，如國會議長訥塞馬克但那(G. RamsayMac Donald, M.P.)和國會議員司諾頓(Philip Snowden, M. P.)都有好些著作行世，衞布(Sidney Webb)，蕭伯訥 (Bernard Shaw)，布拉哲佛 (Robert Blatch ford)，和許多別的人所刊布的小冊子，定期出版物，和新聞報紙等等，不知道有多少，他們這些人的著作，解

釋社會主義，都是很有價值的

現在既有了好些有價值的社會主義的出版物，所以我將克氏解釋社會主義的章節大加裁剪了。

據歷史的眼光看起來，這部書以前幾版對於英國社會主義似乎是說得過於簡略，因爲英國社會主義對於英國一般讀者，大概是最饒興味的。 克卡樸是一個學問淵博的學者，但是他對於英國社會主義運動，沒有親自參加，所以我不能不猜他的心中，以爲無論什麼事，如果在一個設備很完全的圖書館的書籍中沒有敍述出來，就是不重要的。 我這句話無論說得對不對，總之，他這部歷史記載近世英國社會主義過於簡略，我現已將這一部分大加擴充了。

本書這一次出版，起首九章在實際上是沒有改變的。 我既沒有這種學識，能夠訂正克卡樸初期社會主義者的歷史，和近世社會主義運動起首的幾期，我也沒有這種能力，能夠這樣去做。 第十章（俄羅斯革命）和第十一章（無政府主義和工團主義）中關於早前歷史上的事實，大概是從本書前版中撮出來的，而後來的事實是新加入的，又這兩章的全部都是重新編訂一次的。　第十二章（各國社會主義的進步），第十三章（近世國際工協人會）和第十四章（英國社會主義派）差不多完全是新加入的。　第十五章（社會主義通論）和第十六章（結論）多半是由前版六章中各部分相合而成的，不過經過編輯者一番選擇，重新編訂罷了。　這種增補和訂正的結果，恐怕大家不十分滿意；但是將本書照前版一樣完全印出來，或是將這一版所重印的許多有價值的節段完全刪去，似乎都不大妥當。

克卡樸的爲人是很富於興味的，他的品性時常流露於全書各節段中；然讀者看到這些地方，對於克氏的生平必願意更多知道一點。

克卡樸是奧坦不林（Northumbria）一個牧羊的人之子，他於一千八百四十四年出生於吳列（Wooler）附近的地方，但是當他八歲的時候，他的父親移居於附近開爾索（Kelso）的闊克葉左（Kirk Yetholm），此處離英格蘭界雖不過一二英里，然却在屬於蘇格蘭的契味阿特（Cheviot）山間；所以克卡樸完全是在蘇格蘭的風俗習慣之中教養出來的。　當克氏幼時，他自己在契味阿特牧場中牧羊，然他那種出衆的才能，卽刻就使他得到好些別的機會了。他起初在一個鄉村學校中當教員，一面教書，一面又讀書，後來他入了壹丁堡大學（Edinburgh University），他在校中很負盛名，旋取得碩士的學位，並且得到一種游歷津貼費，因此他便能夠在哥庭堅（Gottingen），柏林，（Berlin），曲賓根（Tübingen），尼李洼（Geneva）和巴黎（Paris）等處繼續研究學問。　到了後來，他在蘇格蘭一個長老派教會中學習牧師的職務，但是他旋又捨棄做牧師的觀念，和兼柏司（W. and R. Chambers）書局中人相結納，他後來遂當這個書局的教育顧問，一連好幾年，當時兼柏司書局發行好些很有價值的教科書。

一千八百八十三年，克氏從壹丁堡移居倫敦，他從此以後，就在倫敦或倫敦附近的地方度他的歲月。　到了一千八百九十一年，他和衞格塘協（Wigtownshiae）一個寡婦結婚，這位婦人本已經有了兩個女兒，不過一個女兒死去了，還有一個女兒就是司提德（Mr. W. T. Steae）長子顯理司提德（Mr. Henry Stead）的妻子。　克氏住在倫敦的時候，他和兼柏司書局的關係很密切，歷時也很久。　他又投稿於大英百科全書(Encyclopaedia Britaunioa)和別的百科全書，他有時又替各報館作文。　社會主義研究(An Inquiry into Socialism)是浪曼司書局(Longmans)發行的，一千八百八十七年，一千八百八十八年，和一千九百零七年各出版一次，社會主義史(The History of Socialism)是布來克書局(Black)發行的，一千八百九十二年，一千九百年，一千九百零六年，和一千九百零九年各出版一次，和社會主義初步(Primer of Socialism)也是布來克書局發行的，一千九百零八年，和一千九百十年各出版一次，三部書都是他著的。　到了一千九百十年，他的母校壹丁堡大學特授他一個文學博士的名譽學位。

克卡樸無論在國內或國外都很爲人所欽佩，荷蘭著名的經濟學家關亞孫博士(Dr. Pierson)曾說，克卡樸的社會主義研究一書是很有價值的，不過著作者尚不爲人所知道罷了。克氏完全是一個學者，他的生活是一種隱居的生活，然他却很喜歡與同志的人相往來，很高興討論各種重大的問題，而雜以誠懇和謙恭的談話。　他對於普通社會是不甚關心的，然他那種和謁的笑容及瀟灑的態度，却使他很受大衆的歡迎。　凡他在學生時代所交的朋友，友誼都是始終不渝的，無論那一個朋友經過倫敦，總要和他作長期的聚首。　他死於一千九百十二年五月二十三日，留下一個妻子，和四個兒子。

我自己和英國社會主義運動的關係，我在這種運動中所擔任的事業，以及我立說的觀察點，我將略爲說明，使讀者看到英國社會主義一章或將更加明瞭一點。

當一千八百八十三年秋季，國中同志屢次開會，籌備組織一種社會主義機關，後來遂有一個費邊會(Fabian Society)出現，當時開會的地點，就是在攝政公園阿司拿堡(Osnaburgh)街第十七號我所住的屋子裏。　我於一千八百九十六年在費邊會當了幾個月名譽祕書，但是到了這一年的夏季，我就離開倫敦，前往紐卡塞(Newcastle-on-Tyne)。　我住在紐卡塞一連三年，我是在一個協作工廠做細工木匠，旋又加入細工木匠同盟會(The Alliance Cabinet-Maker's Union)，當我到那裏的時候，社會主義還是一樁新事業，我於傳播社會主義和組織全國勞動聯合會(National Labour Federation)兩事曾實行參加，這種聯合會就是工聯總會的先驅，不過他所取的途徑不恰當罷了。 到了一千八百八十九年，我又回到倫敦，當一千八百九十年初，我當費邊會第一任有償祕書，現在我仍舊擔任這種職務。 我也時常被選爲費邊會行政委員會的委員。 一千八百九十三年獨立勞動黨(The Independent Labour Party)成立了，當時我雖沒有加入，然這一黨一切進行計畫我却留心考察。 到了一千八百九十九年，我當一個籌備委員會的會員，這種會是因籌畫工界代表委員會(Labour Representation Committee)的組織大綱而設的，而工界代表委員會就是工黨的原名。 當時我被派爲費邊會代表，出席於工黨第一次的行政會，自此以後，我便成爲這一黨的黨員了。 老實說，我相信我只有一次沒有出席於工黨行政會；當國民日報(The Daily Citizen)初出版幾個月之時，我並且代表工黨加入這個報館的指導部。

所以我作文是從費邊會和工黨的觀察點立論的，我對於這兩種機關，具有一種充分的知識。 自從獨立勞動黨成立以後，我就和他很相接近，近幾年來，費邊會和他通力合作，我更和他親密了。 我不能夠說我很知道社會民主同盟會(The Social Democratic Federation)

的內容，或是他的繼承者英國社會黨(The British Socialist Party)的內容，我也不能夠假裝我能表出他們的政策，和一個從來沒有反對這種政策的人一樣，毫無一點偏袒之心，我若這樣說，那就不公平了。　我對於費邊會或者說得太多，占去本書的篇幅不少，但是我却要自己替自己辯護，我在這種傳播主義的運動中既是一個實行參加的人，一切情形知道的很多，那麼，要我於敍述這椿事的時候，忽然又做一個門外漢，捨棄好些事實，那就是不可能的。我求大家原諒，所根據的理由，就在這一點。　我相信將來一班歷史家，一定會承認，繼馬克思之後而爲社會主義思潮的首領者，就是衞布(Sidney Webb)，現在他們的確已經知道幾分了。　馬克思早覺得工業一定是一種國家事業，但是他却沒有預先知道這種國家事業將如何實現出來。　預先知道這種國家事業如何實現，是英國派社會主義的功績，這種社會主義在英國流行已久，他後來被卡斯天君(Herr Bernstein)輸入德國，卽自成一派，名爲修正派(Revisionism)，他又在美國創設一個社會主義黨，他無論在什麼地方總是得勢的；然英國派社會主義，大半就是衞布一個人創造出來的。

一千九百十三年十月，闢司（Edward R. Pease）序於色列（Surrey）的靈布費爾德（Limpfield）。

目錄

上卷

社會主義史　目錄

社會主義史 上卷

克卡樸 Thomas Kirkup 原著
闢司 Edward R. Pease 增訂
李季譯

第一章 緒論

近幾年來，世人對於社會主義的議論和著述雖然很多，然這種主義的界說仍然是不定的，讀者的心裏對於他時常發生許多疑問，紛亂，和矛盾出來。

但社會主義是全世界中一種正在得勢的學說，這是沒有什麼疑問的。就是說各文明國最開明和最有組織的工人都趨向社會主義，這也不是什麼過分的話。凡屬今天被一般先進的工界所採納的意見，明天就將爲他們後起的同胞所歡迎了。然社會主義這種學說對於各界都是有關係的，他引出許多問題使大家注意，因爲這些問題都是一天一天重要起來哩。

社會主義既成了一種重要的問題，而我們對付他也只有一條正當和安穩的道路可走：就是我們應當將社會主義的眞理找出來，並且對於這種眞理應當完全了解。世上有許多令人不滿意的事體，幾乎釀出暴動和革命來了，要想把這些事體除去，就只有滿足一般受痛苦的人正當的要求。

我們通通知道因爲傳播社會主義，時常有激烈的言詞，和武斷的意見跟着出現，這是和維持社會秩序的重要規則不相容的，並且時常有革命的騷動，甚至於發生流血，兵燹，長期的紛擾，和猜忌等事。這些事體都是大家所痛惜的。但是我們如果承認這些事體是根柢很深和蔓延很廣的社會癥結的表徵，那麽，我們就算是很聰明了。診治社會癥結最好的方法，就是預先研究這種癥結的原因，然後將他去掉。一個醫生去治病，如果他以爲壓住疾病的徵候就夠了，那麽，他一定沒有成功的希望。

一個人要想去研究社會主義，就有兩種最重要的東西，是他所必需備具的——善良的意思，和豁達的胸懷。社會主義至少也可以向我們作一種最有力量的要求，使我們對於他懷一種善意，因爲他是以表出工界，婦女，被魚肉的國家，和種族，在世界上所受長期痛苦的原因爲己任的。　如果社會主義對於去掉這種很深遠的原因，有確實的貢獻，那麼，他就有很大的權限可以要求大家聽一聽。

一個人如果沒有豁達的胸懷，沒有一種和社會主義一樣的新運動，他能夠懂得，或是能夠了解，這樁事還勞我們說嗎？　凡屬已經確定的意見，和已經成立的定例，就未見得對於各方面都是恰當的，凡屬新鮮的意見，雖然是用誇張的和無節制的言詞傳播出來的，也未見得是完全錯了的，這是幾千年來的歷史所屢次證明的。　凡一般成見最深的人，如果肯將社會主義的主張仔細去想一想，他們一定要得到益處，因爲現在很聰明的人相信這種學說，總有好幾百萬，並且有許多人爲了他，就甘心情願去受監禁，受各種痛苦，犧牲他們的生命；既然是這樣，他或者含有眞理的元素和合乎正義之希望的元素在裏面，在將來必能夠表現出來。

還有一層是大家所當記在心裏的，就是，社會主義並不是一種什麼固定的教義。　他是從一種極大的，而又沒有十分形成的眞理上所發生的一種運動。　所以社會主義是活潑潑的，是能夠隨時變化的。 他有一種歷史，可以供我們的參攷；總之，他是現在和將來一種極大的勢力，他的影響及於將來是好的還是壞的，這樁事全靠我們現在的人類對於他的態度是怎樣的。

在一方面說起來，如果我們徒然抱許多無益的和虛幻的希望，這是大錯了的；但是從他方面說起來，如果因爲一種幻想，一種成見，或是一種悲觀的緣故，我們就去做阻礙眞理和進步的事體，這是更加錯了的。 我們對於這種重要問題所當取的態度，就是抑制我們的感情和成見，以一種善良的意思，和豁達的胸懷，去追隨眞理。

「社會主義」這個名詞似乎是最初出現於一千八百三十三年的『保貧黨』(The Poor man's guardian) 至一千八百三十五年，有一班人在渦文(Robert owen)庇蔭之下，組織一個團體，得了一個極誇張的頭銜，叫做『萬國各階級協會』('The association of all classes of all nations)；當這種會引起各種討論的時候，社會主義家和社會主義這一類的名詞就流行一時了。 然渦文和他那一派對於當時的政治改革毫不注重，只竭全力於社會改良和改造等事，故大家所承認之社會主義的界說也只限於此等事體。 渦文告訴我們，說社會主義這個名詞不久就爲法蘭西有名的著作家雷伯(Reybaud)在他的傑作『近世改革家』(Réformateurs modernes) 裏面所借用，他的著作裏面所討論的事件，是聖西門 (Saint-Simon) 傅立葉 (Fourier)和渦文的學說。 自從雷伯輸入社會主義這個名詞於歐洲大陸，卽刻他就風行起來了，到了現在，他就被認爲十九世紀世界歷史上一種最顯著之運動的名稱。

所以社會主義這個名稱起初在英國是應用於渦文的社會改造論裏面，在法國是應用於聖西門和傅立葉的學說裏面。 善於使用這種名稱，就連帶有上面這些人的意見和以後出現這一類的意見包含在裏面。 但是社會主義這個名詞不獨在普通言談裏面，和一般政客所引用的，意義各不相同，就是一般經濟學家和著名的社會主義批評家用起這個名詞來，意義也是各不相同的。 現在有一種逐漸得勢的趨勢，就是，如有一種團體要保護貧民，干涉別人的財產，或是因爲幫助被壓迫的階級，去限制那種放任主義(The Principle of Laissez-faire)，或是有什麼激烈的社會改革去搖動現今自由競爭所得的私有財產制度，大家以爲這都是一種社會主義的行動。　或者社會主義這個名詞將永遠用起當作反對十八世紀末年所起的極端個人主義(Individualism)和片面自由的普通名詞，凡屬上面各句所指出實際上和意見上的變遷，都用他來表明。　然這種用法既無一定，又不精確；但是決定文字的意義是由於應用和習慣，而社會主義用作這種解釋，就是現今應用和習慣的普通傾向。

一般經濟學的著作家於社會主義所下的界說，意義各大不相同。　然社會主義在歐洲大陸既極佔勢力，而研究這種主義的人，爲數又極多，最好將德法兩國著名的經濟學家所下的界說比較一番。　德國最著名的經濟學家羅協(Roscher)以爲社會主義「不獨是和人性相符合的，他並且含有要求大家對於公衆的福利，加以更大之注意的種種傾向」。　赫爾德(ad-lf Held)說，「凡屬要求個人的意志服從團體之各種傾向，我們都可以看做社會主義的活動」。　耶訥 (Ianet) 對於社會主義所下的界說，更加詳細，他的界說如下：「倘若有一種主義，所說的是國家有一種權力，可以矯正現時人世財產的不平等，依法將財產均分，有餘的，就取出來，不足的，就彌補他，而這種情形是永久的，不是遇了什麼特別的事件，才是這樣

——例如饑荒，公共的災禍等等；這種主義我們就可以稱爲社會主義」。拉威列（Lauel-eye）說，「社會主義的目的，第一，在使社會裏面的各種情形，更加平等，第二，在藉法律或國家的權力，使種種改革的事體實現出來」。汪協爾（Von Scheel）乃單說社會主義是「受壓迫各階級的經濟哲學」。

通通這些界說只能說是將世人對於社會主義的性質所具的意見，實實在在反映出來了。這種界說不是太寬泛，就是流於錯誤，總沒有將應用社會主義的名稱所表明之現象中最顯明的特質說明出來。單說社會主義不獨是和人性相符合的，並且是要求大家對於公衆的福利加以更大之注意，這不是對於社會主義下一種界說，不過是批評社會主義的運動罷了。在世界上，無論是那一種時代，無論是在那一種政府和社會發展的傾向之下，個人的意志總是屈服於社會的意志之下的，並且這樣的屈服常常是過分的。

我們現在知道有人說社會主義必當從國家方面做起，這也是流於極端的錯誤。以前的社會主義是從私人的努力和實驗做起的。現在有一派惡名最著的社會主義，不獨是想將現今各種國體一概推倒，並且想將所有政治和社會的組織也一概破壞。馬克司（Karl Marx）的社會主義是最佔勢力的，並且是最有哲理的，他想將現有的各種政府廢除，另外用一種極大的各國工人的國際聯合會去代替政府，而在這種組織之下，沒有什麼宗教，種族，和國籍的區別。

現在有一種傾向是屢次出現的，就是以暴烈和不法的革命精神，與社會主義併爲一談，這是更加當反對的。有時候「社會主義」恰恰當作那種革命精神最新的表現，及其所引起的紛亂，與所用的炸藥。這都是因大家將社會主義運動的本質，和各種大改革所同有的偶然之特點混合起來了。無論在什麼時候，所有各種新事業，不管是好的或是壞的，總有他的革命時期，在這種時期之中，他就將歷來所承認的種種信條和組織都搖動了，並且推倒了。耶蘇新教改革的事件一經發生，歐洲各國國內以及國際所生出的紛擾和流血的事體，一直經過了一百五十多年才止。美洲奴隸制度的推倒，倘若不經過一次猛烈的內亂，就不能得到效果。凡屬於「自由主義」名義的種種意見，須經過一次極激烈的戰鬬，才能夠有容身的地步；就是代議政府也曾經是一種革命的新機關。 凡一種運動如果是新的，是用强硬的手段去努力奮鬥的，或是主張大大地改革的，都被看做一種革命的運動。 凡屬各種大改革就常有運用暴力的事實跟着出現，這眞是一樁不幸的事體，但這都是因爲當權的人要想用暴力去壓制這種運動所惹出來的。

從實際上說起來，社會主義是歷史上一種最有彈性，最能變化的現象，他能夠隨他所出現的時代和各種情形而變遷，並且能夠隨相信他的人民之特質，意見，和組織而變遷。 這樣的一種運動不可完全鄙視，也不可完全贊成。 現在對於社會主義贊成或訾議的種種論調，大半是完全流於錯誤的。 但是在應用「社會主義」這個名稱的種種學說中，有一種原則是他們所同具的。 這種原則是屬於經濟的性質，並且是非常明瞭的，非常精確的。

社會主義主要的目的，就是將工人不能得到生活上和敎育上自然資料的原因除去。 社會主義的學說是基於歷史上的實例，從歷史上考察起來，自古至今，社會逐漸發展，就漸漸地使生產階級失去土地和資本的所有權，並且造成一種壓力，將一般除了任人操縱的勞力以外，別無所恃的工人，都壓服了。　社會主義家以為現行的制度（在這種制度之下，土地和資本都是私人的財產，他們因增加這種財產，就大家自由競爭起來）一定使社會和經濟界現出一種紛亂的狀態，使工人和他的家庭漸次衰落，使有產階級和附從他們的黨徒安閒度日，放辟邪侈，使製造物惡劣不精，使種種危險，浪費，和凍餒等事時常發現；並且使社會漸次分成兩種階級，一方面是一種極富的人，而他方面就是大多數赤貧的人，這種事情的結果或者是社會主義實現，或者是社會糜爛。　因為要免去這些弊病，並且要使人類所恃以安生樂業的物品，能夠平均分配，一般社會主義家就提議將勞力所必需的，和財富教養所自出的土地和資本，置諸社會管轄之下，並且歸社會公有。

社會主義者對於社會管理工業，和平均分配產物兩樁事體，都是大家所一致主張的；但是他們對於此事各重要的詳細節目，意見就大不相同。　他們對於將來執行社會主義計畫之社會所應有的組織，對於地方團體和中央政府的關係，並且究竟是應當有一種中央政府，或是應當有一種普通所指的政府；對於將來的社會裏面所有國家觀念之影響等等，意見都各不相同。他們對於什麼才可以算做平均分配的制度，意見也各不相同。聖西門一派主張一種社會的政治，在這種政治之下，無論什麼人都應當依他的能力，得一種相當的位置，按照他的工作，得到報酬。在傅立葉所主張的公共團體裏面，每人維持生活所需之最小限度的物品，由公共收入中支給，剩餘的東西就按照勞力，資本，和技能均分——以十二分之五歸勞力，十二分之四歸資本，十二分之三歸技能。當一千八百四十八年革命的時候，路易柏郎(Lonis Blanc)提議在他所籌畫的社會工作場裏面，各人所得的報酬應當是一樣的。德國社會民主黨徒所擬的黨綱（一千八百七十五年在哥達擬的），規定無論什麼人都可以依照他合理的需要，享用一切物品，然無論什麼人都應當作工。

社會主義的學說都視為與哲學上和宗教上變化無定的各種意見，有密切的關係，這是不消說的。大概歷史上的社會主義都視為與理想主義是相關連的。現在時候最流行的社會主義大半是基於最質直和最顯明之革命的唯物論。反之，有許多社會黨人以為社會主義的制度就是耶蘇教一種重要的結果，社會主義和耶蘇教就是一而二，二而一的；所以社會主義的倫理學，和耶蘇教的倫理學卽或不是完全相同的，也是很相接近的。

社會主義仍然是以經濟為基礎的，他主張勞力對於土地和資本的關係，作一種根本的改革——這種改革將使生產大大地發生變動，並且將使現行的分配制度完全變更。 但是社會主義的基礎雖然是屬於經濟方面的，然他却使社會上的政治，倫理，和藝術之組織，發生一種變動，這種變動就是一種革命，這是人類自有歷史以來所未曾有的大革命，就是從古代遞嬗至中古，從中古遞嬗至現代所起的革命，也不能和他相比較。

第一，這樣的變動大概是以完全民主主義社會的組織去完成政治上的組織。 以前渦文和聖西門的社會主義都具有幾分專制的精神；但是現在的社會主義就很傾向於極端的民主主義。 實實在在說起來，社會主義就是要求經濟上的組織，以民主主義為根據，使這種組織得達於圓滿的地步，他以為沒有一種根本的經濟改革，所謂政治上的特權，既沒有意義，又沒有價值。

第二社會主義自然是和倫理學的無我主義或利他主義相符合的。 在舊社會裏面，最顯著的特點就是强悍的人藉那種奴隸，奴農，和傭工制度去利用一般柔弱的人民，並且任意鞭策他們。在社會主義的政治之下，一般强健和有才能的人的特權和義務，就是應用他們更優越的力量，和更豐富的才能，去替他們的同胞服務，沒有什麼階級，種族，和宗教的區別。社會主義家的學說是否完善，是否可以實行，我們對於他的意見無論怎樣，然歷史已經證明了，一般社會主義家為了他們所奉的主義，就常常願意將他們的財產，社會上的位置，和生命，一概犧牲。

第三，社會主義家以為只有在社會主義的制度之下，各種工業品和藝術，才能夠達到至善至美的境界；反之，在現行制度之下，精美兩個字就為了廉價的緣故同時犧牲了，因為製造家要想和別人作一種有效力的競爭，廉價就是一種必要的政策。

末了，社會主義家不承認在他們所籌畫的社會組織之下，一個人就將他的幸福，自由，或是個性都犧牲了。他們相信在現行制度之下，只有少數享有特權的人，能夠自由發展個人的才幹和謀得個人的幸福，而社會主義就能夠使大家都得到這種機會。總之，他們相信在社會主義和個性的中間所起的衝突，沒有得到大家正當的了解，這兩種東西，本是互相成就的，並且只有在社會主義之下，一個人才有自由發展和充分發達個性的希望。

在社會主義所計畫的改造裏面，社會革命的範圍，非常廣大，這是我們已經指明出來的；現在我們所要說的就是，(一)現今流行的社會主義在經濟上的基礎，是一種集產主義(Collectivism)，而這種主義排斥私有土地和資本，他要將這些東西置諸社會公有之下。狎夫爾(Schaffle)說，「社會主義的主要目的在使許多私人自由競爭的資本變成一種集合的資本」。瓦格納(Adolf wagner)對於社會主義所下的界說，比狎夫爾所說的雖較爲詳細，然意義是完全相同的。這種制度雖然主張須有一種集合的資本，然他對於別種私產，並不干涉，並且對於一個人由共同勞力所分得的產物，聽其自由處置。那種徹底的社會主義要求對於全世界的資本和產物，當應用這種集產的原則去處置；他以爲到了那個時候，社會主義才能夠完全實現。但是溫和的社會主義必以爲在各種過渡的時期中，集產的原則能夠實現一部分，這就可算是社會主義觀念的眞正達發了。

社會主義最好的界說也是不甚重要的；我們曾經說過的種種界說，已經將現時流行的社會主義詳細敘述出來了，這種界說是武斷的，抽象的，或是可以非難的。傅立葉的社會制度准個人於社會管理之下，得私有資本，這是我們已經知道的。現今一般人對於社會組織之種種絕對的主張，都是受了德國人重愛秩序的思潮之影響，這種主張與歷史既不相符，和人性也不相合。

（二）社會主義是社會發展的一種學說，也是十九世紀歷史上一種醖釀的勢力。有許多著名的社會黨人如拉伯爾塔斯（Rodbertus）等的學說，與其說他是使將來騷動的一種議論，就甯可說他是關於社會發展的一種預言。自他們的眼光看起來，在社會發展裏面，社會主義是將來一種代替資本主義（Capitalism）的東西，這就和以前資本主義代替封建制度（Feudalism），封建制度代替奴隸制度（Slavery）是一樣的。大多數最喜歡活動的社會主義者，也以爲這種問題尚在發動和傳播的時期，所以他們現在的職務就是竭力啓導一般平民，等到現社會的發達終止，和現社會的制度宣告破產的時候，全世界就將落入他們的手中了。所以社會主義大半還是一種學說，將來世界上必因這種學說而發生變動，然為時或者尚遠，在我們現時的生活裏面，他不過稍為得到一種立脚的地步罷了。　但是有一樁事體是我們所不可忘記的，就是，社會主義的教義已經使近來德國最著名的經濟學著作家受了莫大的影響，並且已經使德國的立法也改變許多了。　在受歐洲文化所支配的國家裏面，社會主義承資本主義發達之後，乘機侵入，他的影響，不獨是及於下等社會，非常迅速，並且是及於那些最開明的階級，也非常迅速；而這種主義不獨是不承認資本主義，實在是要去推翻資本主義。

(三)從社會主義的教義方面看起來，他是極饒興味的，因為他對於現今的經濟組織，採一種批評的態度，而一般社會主義家稱這種組織為資本主義的制度，就是現行的土地制度，和這種資本主義的制度也是有關係的。　在現今的經濟組織之下，土地和資本（沒有這種東西工業就不能夠着手）都是一種階級的私產，而這種階級就利用一般缺乏土地和資本而處於不利益地步的勞働階級雇傭他們作工。　在這樣的社會裏面，競爭就是一種普通的規則，凡這兩種階級因生產的結果所得的財產，須依這種規則，才能夠決定。　批評的社會主義對於這種制度提出一種合理的抗議；他和現時通行的政治經濟學也是不相容的，因爲這種政治經濟學極力主持上面那樣的經濟組織是正當的，或是永久不變的。社會主義對於放任主義的歷史所表示的經濟樂觀主義，也是嚴詞駁斥的。

（四）社會主義所爭持的，通常都視爲只注重於勞工的解放，和工界完全參加人類物質，智識，和精神方面的事業。注重工界這樁事自然是社會主義家的計畫中最實在和最顯著的部分，因爲工界的人數最多，而在現行制度之下，他們所受的痛苦也最甚。但是說社會主義只限於上面所說的一點，這種見解就未免偏於一方，因爲社會主義對於一般被大資本家的競爭所壓倒的小資本家之利益，是一樣地主張保護的；就是一般大資本家因爲事業上得到極大的成功，而管理上就大不容易，並且因經濟界上的紛亂，幾乎徧及於全世界，所以他們的地位也發生危險了，社會主義對於此等大資本家的利益，也是常常顧及的。然各種社會主義的學說總是以拯救工界爲前提的；雖開始爲社會主義的研究和活動的人，通是屬於中等社會和上等社會，然他們總是替工人代鳴不平的。

我們承認「社會主義」這個名詞在應用上意義非常雜亂，所以我們已經當他作十九世紀的一種現象；這種主義在法國是聖西門和傅立葉所首倡的，在英國是渦文所首倡的，而在今日就是馬克思一派作他的最有力量的代表。然我們已經知道了有幾種社會主義的界說所規定社會主義的範圍是很廣大的，並且以爲他的起源是很久遠的，如果要把他去和資本主義相比較，那麽，資本主義不過是昨天的產物罷了；在實際上，這種界說以爲社會主義自有人類社會以來，就是已經存在的。在人類發達的最初時期中，一個部落或一個鄉村的團體，就是一種社會的單位，他的規約是個人服從社會，他的制度是財產公有。關於財產觀念的發達，（特別關於土地觀念的發達）有三種連接的歷史時期，是大家所承認的——（一）公有財產和公共享用，（二）公有財產和私自享用，（三）私有財產和私自享用。第三種制度到了十八世紀之末，才充分發達，當那個時候，因享有特權者極端的限制，遂生了一種反響，於是個人的自由主義，就視爲政府和經濟學唯一的通則了。私人因爲要謀得財產和依財產所生的社會上的種種利益，就去自由競爭，這樁事在比較上是最近發生出來的。

在歷史上的各時代中，國家常保持他關於處置財產的權限——有時國家也幫助一般貧民，如英國的貧民律（The English poor law）就是一個例，這種法律可以看作一種社會主義的方略。 並且在歷史上，所有各種傾於重行分配財產的革命，已經是屢見不鮮了。 在古代就有許多痛苦和令人不滿意的事體發生了，因爲這種緣故，有多少最高尙和最富於同情的人，遂潛思默想，擬出種種理想社會的計畫出來了。 在這些計畫之中，有柏拉圖（Plato）和穆爾（Thomas More）的烏託邦（Utopias），他們都主張一種有統系的共產主義（Communism）。 就是在天主教教會的社會裏面，也有一種公有財產和公共享用的永久不變之成例啦

怎樣我們才可以將十九世紀的社會主義和上面所說之舊世界的現象以及在歷史上佔重要置的共產主義分別出來？呢 對於這種問題，依社會主義家的觀察點，作一種淸晰和詳細的答案，也是不很難的事體。 社會主義在會社的發展裏面是一種必經的階級，然他所必需的條件如果不備，他也是不能夠實現的。 在這些條件中，最重要的就是大工業制度的發達

；在英國到了十八世紀之末，這種大規模工業的發達，才達於極點，因爲這種制度須經過長期的預備，逐漸發展，有各種發明和藝術的進步，有蒸汽的應用，和工廠制度的起源，才可以達到他的絕頂。在這種制度之下，工業就成爲一種極大的社會事業，並且使大家都習於這種事業；但是一般私有資本的人常任意利用這種制度，去謀自己的利益。一般小資本家受了這種大工業競爭的壓迫，遂逐漸衰落，而一般生產者受了同一的影響，就變成一種傭工，受各種大工廠的支配和訓練。這種制度仍然是繼續發達，並且將徧及於全世界。以上所說的就是工業革命的情形。

和這種工業革命相對峙的就是思想界的革命，他對於社會主義興起和工業革命對於社會主義的興起其功用是一樣地偉大，一樣地重要。這種思想變化，當法國大革命的時候，發表一種著名於世界歷史的宣言，他以道理二字當作一種至高無上的裁判官，以自由二字當作一種行爲的標準。這種思想變化爲亞丹斯密（Adam Smith）一派在經濟方面代表出來了。社會主義也是這種思想變化的產物，而聖西門和他那一派的社會主義尤以積極的和建設的方法，去改正消極的運動自任，因為這種運動不自知是消極的，不自知是不能夠經久的。換一句話來說，聖西門可以說是一個志在完全成就福祿特爾(Voltaire)，盧梭(Rousseau)和亞丹斯密的事業之人。

所以社會主義自認為是這兩種大革命的嫡子——一種是工業革命，他於十八世紀之末，在英國始行發達；一種是思想革命，他和工業革命差不多是同時並起的，他在法國得了極好的成績。渦文所做的事業，大半受了工業革命的影響；而聖西門和傅立葉則受了思想革命的影響。巴比(Babeuf)的叛亂起的一千七百九十六年，正當法國大革命之後，這椿事狠可以視為一種未成功之革命的共產主義，和以前歷史上沒有成效的共產主義，是相差無幾的。社會主義的歷史開始於聖西門和渦文；到了現在，社會主義不是一種什麼孤獨的事實，他已經大大地發達了，凡文明的國家都相繼傳播他的學說，所以他就幾乎徧於全世界了。

我們已經知道社會主義的興起，是當作社會上一種新的和合理的學說，這是對於工業革命和法國大革命所宣傳的思想而言；在這種思想之中，除了那些特別注重的自由觀念和不容易實現的平等，及博愛的理想以外，又有一種勞働神聖的觀念也是很重要的。　雖渦文大半是受了工業革命的影響，而聖西門和傅立葉大半是受了思想革命的影響，然三人都也同爲這兩種新運動所左右，這是一定的事實。　渦文一生事業的原動力就是十八世紀的博愛和人道主義。　他生長於工業革命裏面；對於改良棉花製造，得了極大的成功。　覺得工廠制度是壞到極處的，沒有一個人能及他；就是知道應用進步的藝術爲人類謀幸福，必能成就極大的事業，這椿事的，也沒有一個人能及他。　在渦文一生事業中，我們可以發見十八世紀一種新精神，而這種精神在使機械的新工業制度爲一種非常完善的原則所支配，所謂完善的原則，就是以謀人類的幸福爲他最大的和唯一的目的。

聖西門所處的地位」比較渦文所處的地位，是大不相同的，但是他們兩人也有相似的地方。　渦文所遇見的是新起的和大規模的工業制度中種種弊端，而聖西門所遇見的是游惰成風，和特權獨享的封建制度中種種壞處，這些東西被雖法國大革命大大地搖動了，然他在歐洲，在法國，和在別的地方，仍然是很占勢力的，並且自滑鐵爐（Waterloo）大戰以後，他又轟轟烈烈地恢復舊觀了。聖西門眼見一個新世界，就是，一個基於勞動的工業世界已經興起了，而舊封建和神道的世界——游惰成性的廷臣和愚陋無知的牧師——的威權仍然是沒有減殺一點。他因通通這些寄生蟲不能替社會做一點有益的事業，遂想法子要將工業界的巨擘和科學界的領袖，來代替這一班人，做法國國民的勞働首領。他以爲只有此等有特別技能的人，必不利用別人的勞力，他們應當管理以工業立國的法國，替人民謀幸福。

渦文和聖西門兩人自普通人的眼光看起來，都不是什麼革命的人物。渦文很希望英國和別國的政府都應當採納他的社會主義的改良計畫。當時一般有名的政治家和屬於皇室的人物，都很優待他。他對於一千八百三十二年的政治改革毫不相信；他以爲政治方面的民權運動是無關緊要的，只有在一種專制的指導之下，試行一種社會主義的計畫，一直等到工人有了自治的能力才止。這種專制的傾向也出現於聖西門和他那一派的社會主義中。聖西門起初將他的主義訴之於路易十八（Louis XVIII）。他願意將一種勞働的貴族政治（a working aristocracy）去代替封建的貴族政治（Feudal aristocracy）。他那一派就首先以革命的社會主義之崛起一事去警戒歐洲各國政府。總之以前的社會主義的興起，正在法國大革命戰爭所生之反動的時候，他頗受了當時政治上種種趨勢的影響。

社會主義可以說是起源於一千八百一十七年，因爲渦文提出他的社會主義式團體的記畫於下議院草擬求貧民律的委員會是在這一年，而聖西門的學說決定向社會主義的方向進行，也是在這一年。社會主義史的大綱是很簡單的。到了一千八百五十年法英兩國就有了兩種社會主義的運動。法國自聖西門和傅立葉以後，社會主義的運動當以蒲魯東（Proudhon）和路易柏郎（Louis Beanc）爲代表。英國自渦文以後，社會主義的運動則以耶蘇敎社會主義的團體和馬利士（Maurice）及經斯列（Kingsley）爲代表。

到了社會主義發達的第二期，他就大半受了德國和俄國思想家的影響，但是這種社會主義是從全世界着想的，並且是表同情於全世界的人民的。當時所流行的社會主義在一千八百四十八年共產黨（The Communist Party）所公布的宣言裏面都盡情披露出來了。這種世界說在馬克思所著的資本論（Kapital 一千八百六十七年出版）裏面更加闡明了，後來這種世界觀在各國黨派的黨綱中，和國際公會的議決案中，又經過許多著作家的修改。

在這一章緒論裏面，我們已經將本書的大旨說了一遍，現在我們要進而敍述提倡和指導社會主義運動的人物，將他們主要的觀察點都表明出來。

第二章　法國初期的社會主義（Early French Socialism）

聖西門（Saint-Simon）

當法國一千七百八十九年大革命的初期，國內發生一種極端的樂觀主義，而法國最初的社會主義之開創者，正生於這種樂觀主義的影響之中。他們過於相信人類的進步是很容易達到圓滿的境界；他們對於社會進化的定律茫無所知——在實際上，他們對於達爾文主義（Darwinism）所明白闡明的人生各方面的情形，沒有十分看得清楚。凡初期的社會主義家和當時許多思想家都犯了這種毛病。

聖西門（Comte Henri de Saint-Simon）爲法國社會主義的開創者，他於一千七百六十年出生於巴黎（Paris）。他屬於有名的聖西門公爵的支族。據他所說，他受業於他浪柏（

人。

d'alembert)。　他到了十九歲的時候，就前往美國，投入美國革命軍當志願兵，共同抵抗英

聖西門當少年的時候，心中就懷一種極大的志願。　他命他的僕人每天早晨用下面幾句話去驚醒他：「先生，你記着，你還有許多偉大的事業要做；」他有一次夢見他的祖宗霞列曼尼(Charlemagne)來了，預先告訴他，說他將來一定要大得志。　在他早年的各種計畫中，有一種計畫是將大西洋(atlantic)和太平洋(Paoilic)用一條運河聯合起來，還有一種計畫就是從馬得里地(Madrid)造一條運河，達於大海。

聖西門雖然加入法國大革命的戰爭，然沒有什麼很顯著的成績，但是他因做土地投機事業，積了一點貲財——他說這不是爲他自己一個人計，不過是當做實行他將來的計畫之貲。他因爲要擴充自己對於事物的觀察力使之愈加精當，不到四十歲，他就學過許多科學，並且實驗過許多事實。　在他所實驗的事體中，有一樁事就是他所不當意的結婚，過了一年，他得了他妻子的同意，遂宣告離婚。　還有一樁事就是他所有的財產通通花盡了，後半生非常

窮困。

在聖西門的各種著作中，車列夫居民的書信 (Lettres d'un Habitant de geneve) 是第一種，這是一千八百零三年出版的；但他早年的著作多半是屬於科學和政治方面的。一直到一千八百一十七年，他才在他所作的論文叫做工業 (L' Industrie) 裏面，發表他的社會主義的意見，後來他又在他所著的組織 (L' Orgauisateur, 一千八百一十九年出版)，工業制度 (Du Systeme industrie, 一千八百二十一年出版) 工業問答 (Catechisme des Industriels 一千八百二十三年出版) 中，將這種意見加以更大的闡明。他的最後而又最重要的著作就是新耶蘇教 (Nouvean Christianisme 一千八百二十五年出版)。

聖西門死於一千八百二十五年，他當未死之前，有好幾年受饑寒的壓迫，達於極點了。他不得已幹了一樁極勞苦的差事，每年所得的薪水不過四十磅，有時不得不倚靠他以前的僕人慷慨供給他，最後他就哀求他的家人給他一種極少的養老銀。當一千八百二十三年，他因絕望，就想自殺。到了晚年，他才收了幾個很有熱忱的弟子。

聖西門不是一個什麼理想家，因爲他的思想旣沒有統系，復欠淸晰，並且又不是直截了當的。所有他的著作大概只含有幾種意思，他時常就這幾種意思在書中反覆申明。但是他的議論常顯露一種天才出來，並且都是出自心裁，不是勦襲別人的；他在近世思想界上狠有極大的影響，一則因爲他是法國社會主義歷史上的開創者，二則因爲他的學說對於後來所造成的孔德主義(Comtism)大有裨益。

聖西門社會主義詳細的學說，我們不用細加研究，至於他的社會改造的意見是狠簡單的。他的意見是對於法國大革命及當時流行的封建制度和軍閥制度而發的。他反對大革命所產生的含有破壞性質的自由主義(The destructive liberalism)，主張一種新的和積極的社會建設。他懇求路易十八變法，改用新制度，然他絕不主張社會革命。法國封建和軍閥制度，因爲王政復古(Restoration)，愈加鞏固了，聖西門極力反對這種制度，主張採用一種新制度，使工業界的領袖得管理社會。他以爲中世紀的敎會不可爲社會中精神上的指導者，這種責任應當歸一般科學家擔負。從上面各點看起來，聖西門所想像的國家，是一種爲近世科學所指導之工業主義的國家。 凡最善於組織生產社會的人才配管理社會。

社會的主旨是對於人生生產有用的物品；社會活動最終的目的，是藉羣衆的力量，去利用地球。 以後的社會主義對於勞力和資本的對峙非常注意，聖西門於此事毫無所覺，他以爲生產的管理既委之於工業界的領袖，社會的利益也應由這種人兼顧。 後來他對於一般貧民的主張更加注意，在他所著的傑作新耶蘇教裏面，這樁事就變成他的學說的中心點，並且具一種宗教的程式。 因爲他的學說含有這種宗教的元素，逐漸發達，他遂和他的弟子孔德(Comte)爭鬧，他們兩人便從此分離了。

聖西門在著新耶穌教之前，從不關心於神學。 他自從事於這種著述以後，才相信上帝，他這種書的主旨在使耶蘇教復歸於簡單的和精要的原形。 他的着手方法就是將附着於天主教和耶蘇新教的種種信條，附屬物，及弊端，除去，他極力將這些東西搜羅出來，加以切當的批評。 大家依一種新信條的力量，對於道德上的教義將視爲一種極重要的東西；耶蘇教神聖的原理就含在人類彼此相待，應當和兄弟一樣，這種教條中間。 「新耶蘇教的組織將使現世和精神界的種種制度都適合於人類彼此相待應當和兄弟一樣這條原理」。聖西門將上面那句話的意思用現代的語言發表出來，當作新耶蘇教概括的教義：「社會全體都應努力去改善赤貧階級的德育和體育；社會的組織應當以達到這種目的為標準」。這種教義後來成為聖西門派的祕訣；他們以為這種東西是宗教的精髓和社會改良的要策。

當聖西門在世的時候，他的學說沒有這麼狠大的影響，他死後也不過剩了幾個有熱忱的弟子；然這幾個弟子仍然是竭力主張師說的，他們以為聖西門是一個預言家。鮑薩爾(Bazard) 於一千八百二十八年在巴黎泰倫街上(Rue Taranne) 作一種長期的演說，將聖西門學說的教義詳細解釋出來了，這樁事是聖西門學派的一大轉機。 到了一千八百三十年鮑薩爾和安芬頓 (Enfontin) 都被認為聖西門派的首領；而同年七月革命所產生的騷擾又足以使這一派的運動引起法國國民極大的注意。 至一千八百三十一年的上半期聖西門派因列羅(Pierre Leroux) 之力，將科洛波報 (The globe) 收入手中；此時列羅已經加入這一派，並且還有許多狠有能力和狠有希望的法國青年都加入其中，因為有一個藝術學校(Eoole Polytechnique)有許多學生都知道一派對於社會具有一種熱忱。所有這一派的會員都聯合攏來，分成三級，組成一種社會，住在蒙西尼(Rue Monsigny)街上，凡會員的生活費用，都由公共收入的款項中支付。

然不久這個社會裏面就互相爭辯，鬧出許多意見來了。鮑薩爾爲人最富於辨別力，又極穩健；而安芬頓對於婚姻和男女的關係，主張極端的放任，並且擬組織一種矜誇的和奇異的牧師教派(sacerdotalism)；所以他們兩個人不能夠再和衷共濟。過了許久，鮑薩爾和這個社會脫離關係，還有許多强有力的黨徒，也和他取一致行動，不復屬於這個社會了。當一千八百三十二年的冬季，這個社會開了許多極奢華的歡迎會，以致財力枯竭，他的聲名也就因之大減。後來所有會員都移往蒙里孟湯(Menilmontant)地方，以安芬頓的財產供給一般黨徒，他們生活於一種共產的社會裏面，用一種奇異的服裝當作標識。不久，這個社會的首領都被捕，受審判，並且都分別定了罪，因爲他們的行爲有礙社會的安寧秩序；這個社會遂於一千八百三十二年完全解散了。有許多會員後來都成爲有名的工程師，經濟學者，和商人。 開鑿蘇以士運河(Suey Conal)的計畫，發動於這一派，後來列色(Lesseps)實行這種計畫，遂得成功。

在聖西門派裏面，我們發見有兩種極大的進步，(一)學說的範圍較從前更大，(二)意見非常穩健，凡聖西門的含糊和紛亂的意見至此都發達了；這種進步多半是得了鮑薩爾之力。在歷史的哲學裏面，大家承認有兩種時期，一種是批評的或否認的時期，一種是組織的或建設的時期。 在批評的時期中，哲學佔極大的勢力，而戰爭，自大，和紛亂，是這種時代的特點；在建設的時期中，宗教佔極大的勢力，而服從，信仰，和聯結的精神，是這種時代的特點。 這兩種反抗和聯結的精神，是社會上的兩大原則，而一個時代的特質全靠這兩種精神所占優勢的程度如何而決定。 然聯結的精神漸漸地有勝過反抗的精神之傾向，這種聯結的精神現在是由一家擴充到一城，由一城擴充到一國，由一國擴充到一更大的團體。 這種聯結的原則是將來社會發達的鎖鑰。 從來人類的公例是「人類互相利用」，這樁事分為三期——一奴隸制時代，二田奴制時代，三無產階級時代；而將來人類的目的一定是「人類聯合攏來去利用地球」。

在現行制度之下，工業界的領袖仍然是利用一般貧民，因爲工人在名義上雖是自由的，然他們爲飢寒所迫，不得不承認這些工業領袖的條件。世間有一種相續法將這種情形愈加鞏固了，因爲所有私人的生產工具，和附着於這種工具的社會上的種種利益，相續法不問個人的才能如何，都准其私相承受。而社會上種種不利益的事體也是要彼此相續的，於是人世間的痛苦就變爲世襲的東西了。救治這種弊端唯一的方法就是將相續法取消，將勞力所必需的各種工具聯合攏來，作爲一種社會的資本，便大家都能夠利用。如果是這樣，社會便成爲唯一的物主，他可以將各種財產委託社會裏的團體管理。於是相續權就從家庭移於國家了。

聖西門派極力主張才能說；他們要行一種社會的等級政治，在這種政治之下，各人都應當依他的能力，得到相當的位置，按照他的工作，取得報酬。這樁事體眞是聖西門社會主義一種最特別和最顯著的特點，這種主義關於政府的學說是一種屬於精神界或科學界的專制政治，在安芬頓所主張的奇異的牧師教派裏面，這種學說發達到極點了。

聖門派對於家庭和男女的關係，主張極端的婦女解放，並且主張婦女和男子當完全平等。「社會中的箇人」是指男子和女子，他們是在宗教，國家，和家庭的三重作用之內聯合攏來的。這一派在他們正式的宣言書裏面，維持耶穌教婚律的莊嚴。安芬頓對於婚姻問題流於淫佚的和奇異的放縱教派（Latitudinarianism），因此聖西門派就為法人所唾罵，但是除了鮑薩爾不肯附和安氏外，還有許多狠著名的黨員也不願與他為伍。

和上面所述的各種教義有關繫的就是他們著名的「肉體輪迴」（rehabilitation of the flesh）說，這是從他們自己那一派中哲學的學說推出來的，這就是一種萬有神教（Pantheism），不過他們將這種名目廢除了。天主教為了懺悔和制慾等事，對於善惡二元說（Dualism），非常注重，而聖西門派在他們的肉體輪迴說中，排斥這種善惡一元說，他們以為肉體一旦輪迴，必處於適當的和光榮的地位。這種教義是狠含糊的，他的倫理上的德性可以任憑人家的解釋，所以聖西門派對於他就有多種的解釋。安芬頓所解釋的是狠不道德的，因為照他的解释，這種教義便發達成一種淫佚的神祕教（Mysticism），就是一種爲宗教所允許的自由戀愛的制度。

聖西門社會主義的好歹兩方面，是很顯明的，不必再加解释。當那個時候，舊經濟的制度和新經濟的制度才起首宣戰。所有各種弊端的範圍尚不十分廣大，所有各種弊端暴烈的程度尚不十分顯著；而診斷和補救的方法都是屬於表面的，並且是不甚適當的。這樣根深蒂固和組織完備的弊端，不是將魔術的棍子一揮就能夠除去的。聖西門派的運動有許多地方，涉於妄想，並且過於放縱。這一派最卓越的地方就是攻擊社會制度中一種最重要之點——家庭道德——將一種奇異的，矜誇的，和淫佚的牧師教派最壞的特點完全採納，並且將他彰明較著，誇示於歐洲人的面前。這一派初創時精神磅礴，有一往直前的氣概，有許多地方是很高尚的，毫無私心的，對於當時的現象，下了許多驚人的和獨具隻眼的批評，所以他招致了許多法國最漂亮和最有望的青年，後來因他攻擊家庭道德就聲名狼籍，被人訕笑，都視他爲一種齷齪的社會了。

傅立葉(Fourier)

傅立葉的社會主義先於渦文和聖西門的社會主義，然他的學說只可視爲一種完全文學的和理論的產物。他最初的著作是四種運動說(Théorie des quatre movements)，這是一千八百零八年出版的。但是他的主張起初不能引起大家的注意，因此毫無勢力，直到渦文和聖西門所倡的社會主義運動逐漸衰歇，他的學說才漸次得勢。

傅立葉的社會主義和聖西門的社會主義，有許多地方是根本上不相同的；實際上在這兩派之間，我們看見有兩種正相反對的社會主義，互相對峙，流傳下來了。聖西門是中央集權主義的代表；而傅立葉則努力爲地方分權和個人自由的運動。聖西門主義以國家爲發軔之點，和名義上與實際上權力所在之地；而傅立葉則以方地團體爲發軔之點，和名義上與實際上權力所在之地，這種團體和地力自治團體相似，傅立葉稱他爲共產團體(Phalange)。在傅氏所擬的制度之下，這種共產團體居極高，和極重要的地位，其餘別的機關和他相比，就當居於次要的和附屬的位置。

籌畫這種共產團體的傅立葉（Franoois Marie Charles Eourier）是一個才具優長的人。他於一千七百七十二年出生于柏桑爽（Besancon），他的父親是一個極大的布疋商人，將他放在本城學校裏讀書，他受了一種極完善的教育。傅立葉對於學校的功課均完全領悟，但是他因以要從事於商業不得已就舍去學業，他自從經商之後幾乎遍歷法國的各城市。他後來前往荷蘭和德國做一個商業游歷家，因此他對於世人和事物的經驗，就大大地增加了。

他繼承他父親的遺產凡三千磅，他遂將這種款項充作資本，在昂里（Lyons）經營商業；但是當法國恐怖時代（The Reign of Terror），里昂爲脊康班黨人（Iacobins）所襲，傅立葉的貲財因此盡失了，他自已也被監禁，幾乎將性命都送掉了。他自出獄以後，便投身陸軍界中，過了兩年，又回復他以前的生活，仍舊經營商業。

傅立葉在幼年時代，便覺得當時商業制度的種種缺點。當他五歲的時候，因爲對於他的父親鋪中某幾種貨物，說了幾句眞話，就受了懲罰；到了二十七歲，他住在馬塞伊（Marseilles），適有一大宗米糧，因遭饑荒，居奇等價，畢竟腐敗不堪，就要他去監督銷毀這種東西。　他心中相信一種商業制度含有許多罪惡和不道德的事實在裏面，在根本上一定是一種惡努的東西。　他覺得設法補救這種惡制度是他的責任，他就找出一種善良的制度，並且竭畢生之力，加以解釋，四處傳播；他做事以犧牲一已和專心致志為不二法門，這是人家所難及的地方。　在他將死的十年之內，他每日正午在家等候一般資本家的降臨，希望這種人以金錢供給他使他得實行他的計畫。　然他的社會制度沒有得到實在的成效。　他的著作沒有幾個人愛讀，就是他的弟子也是很少的。

自聖西門運動衰歇以後，傅立葉才漸次引起大家的注意，稍微有一點成就。　一小羣有熱忱的弟子奔走於他的門下，替他辦一種報去鼓吹他的主義；在一千八百三十二年，並且在衛煞依（Versailles）附近組織一種他平日所主張的共產團體，但是這樁事完全失敗了。至一千八百三十七年傅立葉就與舉世不歡迎他的學說的世界長辭了。　他心中抱一種利他主義(altruism)，並且極相信人類的進步是很容易的。　人性中的惡德本來是很利害的，他對於此點，毫不注意，他的學說的弱點或者就在這裏。　他的生活是很簡單的，他為人是很忠厚的，很仁慈的，他對於自己所認爲至高無上的目標，便是誠心誠意去幹的。

傅立葉的社會制度，是他的學說的中心點，這也不用我們說了。 但是他的社會制度是由於他對於神學，天地開闢論（Cosmogony），和心理學的特別意見所形成的，所以我們必定將他關於這幾方面的學說稍微說幾句。 傅立葉對於神學是傾於萬有神敎；世界的萬有神敎觀是聖西門派「肉體輪迴」說的根據，也可以說是傅立葉社會倫理和種種措施的基礎。獎此以外，他還抱一種範圍極廣的自然樂觀主義。 上帝已經使萬事萬物各得其所了，而人類對於他仁愛的意思偏又發生誤會，而且橫加阻力。 上帝照臨萬物，和萬有引力一般。牛頓（Newton）發見引力的定律支配世界一種運動，而傅立葉則以爲這種引力的定律是普偏的，支配世上各種運動，這樣的運動凡有四類——（一）物質的，（二）機械的，（三）心靈的，（四）社會的。 這種引力的定律貫徹萬物，上自星晨的協和下至極微小之昆蟲的生命；如果造物主的意志爲人類所領會，這種引力的定律也將支配人類的精神和人類社會。 傅立葉當解釋他的社會制度時候，他的目的在表出造物主的意志。 他以爲他的哲學不是什麽奇巧的臆說或空論，不過是各種發見，而這些發見是可以從幾種重要的原理中推測出來的，也是完全了解神律的結果。

傅立葉的天地開闢論是一種奇異制度中一最奇異的部分。 但是他自己對於天地開闢的見解既不視爲他所主張之制度的重要部分我們也不用詳說。 他相信世界只能有八萬年的存在，四萬年進步之後便有四萬年的退化。 現在世界還沒有達到極盛的時期，因爲才過了七千年。現在的世界是文明時代，傅立葉用文明二字當作世界上一切不自然和腐敗的東西的代名詞，世間事物所以弄到狠壞的地步，是人類制度顛倒的結果，而人類制度所以不由正軌，就是因五千年來人類誤會了造物主的意思。 這種誤會的主要原因只因人類倡言各種情慾是壞的，這種東西原來是狠自然的；要圖補救，只有一種方法——使人類的情慾得充分的發達。

上面的事體說完了，我們現在可以講傅立葉的心理學。 他說人有十二種根本的情慾，與引力的三點相結合。 其中五種是有覺性的(傾於娛樂)——視，聽，味，臭，觸。 還有四種是易感動的（傾於團集）——愛情，友誼，野心，和血族。　這些名詞的意義和功用都是狠顯明的。　其餘的三種就是交換，爭勝，和組合（傾於聯絡而傅立葉稱為有控制力的情慾）這是最特別的。　在這三種情慾之中，第一種是和各種事物相結合的；第二種往往流於陰謀和妒忌；而第三種則富於狂熱和退讓等情，這是由於感覺和精神同時所感的幾種快樂所結合而生的。　前兩類的情慾為三種有控制力的情慾所支配，尤為那種組合的情慾所支配；但是這幾種有控制力的情慾也顯然含有許多反抗和戰爭的分子在裏面。　然有一種極強的社會的情慾，最後將所有各種情慾都調和了。　調和生於各種情慾的自由發展，好像白色出於各種顏色的聯合一般。

傅立葉的理想以為使社會從紛亂的狀態，達到全體協和，這種迅速的過程，只有一種方法可以達到，就是使人類的情慾充分發達。　因為要達到這種目的，現在的文明須完全破壞。　世間必須有一種新社會的組織，而這種組織必須與人性相合，並且必須與造物主的意志相符。　傅立葉在他的共產團體裏面所備辦的就是這種組織。　這種共產團體依照正式的組織，是由四百家或一千八百人而成立的，這些人都住在一種三方英里的土地裏面，他們大概是自治自給的，並且將團體內所有的貲財都集合起來，供給大家，使得自由發展各人的才能和滿足各人的嗜好。　在這種機關裏，所有農業，工業，行樂的方法和機會，人類充分自由發展的方法和機會都連絡一氣，所有私人自由和公共聯合的種種利益，是用一種法子調和起來的，而這種法子是以前所不知道的，也是以前所未嘗想及的。

這種共產團體是一種社會的單位，而組成這種單位的各私人，須每七人或九人分成一組；從二十四組至三十二組就合成一羣，而各羣聯合攏來便成一個共產團體——通通都是依照引力的原則和自由選擇的類緣(affinity)之原則。　這種團體的住所是一種極大的，美麗的，和便利的建築物，在這種建築物裏面有公共的房屋，也有單獨的房屋，各人可自由選擇；但是在這種情形之內，必沒有藉故離羣獨居，自便私圖，和無故妄相猜忌，自相殘害的事實發生，如此等事是現代文明中所常有的。

在這種組織之中，慣用強迫和壓制手段的政府必降至於極低的地位，這是一樁很顯明的事實。　共產團體的官吏是由選舉出來的。　而這種共產團體自身是一種小組織的實驗品，是狠容易組成的，如果一旦有了成效，全世界都可以照樣去做。　既是這樣世人一定將自由集合攏來，選舉首領，而全世界的共產團體將聯合成一種同盟國，舉出一個首領，駐在君士坦丁羅堡(Constantinople)，因為此處將作為萬國的都城。

在這種共產團體裏的各種措施，必須遵守自由引力的原則。　戀愛是出於自由的。　男女可以自由配合起來，而這種配合可以隨時分離，也可以永久結合。

這種共產團體內的工作當依科學的方法去處置；第一，當使他有引人入勝的力量，要達到這種目的，作工當隨各團體員的嗜好和才能，當使職業時常互換，當借助於存在各個人，各組，和各羣中爭勝的原則。　凡男子和婦女對於他們所喜的工作，一定用心竭力去做，傅立葉根據這條原則，就說凡各種工作如果合於人性中相當的動機，一定有引人入勝的力量。又如現今最討厭的工作一定可以用機器去代做，這也是顯然無疑的。

凡工作的產物，依下面的方法來分配——各團體員由共產團體的公共收入項下給以適當的最小限度的產物。 其餘的產物，以十二分之五歸勞力，十二分之四歸資本，十二分之三歸技能。 在這種共產團體之中，個人得私有資本，凡特別的技能不獨是爲大家所許可的，並且是爲大家所獎勵的，爲大家所利用的。 凡實行分配產物，由共產團體和私人磋商。至於資本家的報酬也不覺得有什麼困難，因爲有一種標準的利息付給資本。 個人的技能，也是按照他在共產團體裏服務的性質，得到報酬，所有團體內各種位置都是由選舉決定的。至於報酬勞力所用的原則，與現在所用的是完全不相同的。 凡最苦的，最普通的，和最要緊的工作，所得的報酬最多；有益的工作，所得的報酬又次一等，而關於娛樂的工作所得的報酬最少。 然無論如何，勞力的報酬總是狠厚的，所以無論什麼人都有成爲資本家的機會。

這種共產團體與私人關係，有一種最顯著的結果，就是所有婦女都被擔保享有經濟上的獨立。 就是五歲的小孩子對於產物也可以分得一分。

傅立葉的社會制度可以說是一種最巧妙的和煞費苦心的烏託那，凡人類的心思才力所能等貴的，也不過如此。　但是有許多重要之點爲這種制度所根據的，是完全與經驗和科學所證明出來的人性及社會進化的定律相背馳的。　他對於人類倨傲的力量，尤其輕輕看過。世界自有進步以來，人類所具的獸性就是要竭力壓制的，而傅立葉偏要縱其所之。　他對於他全體的制度作這種主張，對於婚姻的學說尤其作這種主張。　他所主張的制度，將現行的制度完全推翻之後，決不能使社會從紛亂狀態迅速達到全體的協和，不過使大局復歸於紛亂的狀態罷了。

然傅立葉的著作關於提議及教訓等事，極其豐富，儘可以作爲社會經濟學家研究的資料。　他對於現行制度和這種制度中浪費，紛亂，不道德等事所下的批評，是狠機警的，狠透徹的，並且狠足以使人信服的。　就是在他所提議的積極的事項中，對於將來人類進步所達到的境界，也有許多最過密和最遠大的見地。　他對於個人自由和地方分權所籌畫的種種保障之法，是最堪注目的。　這種共產團體在一方面可以保障科學的工業和共同生活的種種利益；而在他方面又將中央集權，國家專制，僞愛國主義，和國際妒忌等弊端排除了。　凡地方團體無論我們稱他為自治區，教區，或市區，所有將來的社會發達和政治發達，必由此等團體所主持，關於這一點，傅立葉早已見到了。　他雖對於這種團體予以一種奇異的名稱，並且以種種奇異的情形附於其上，然這種事實決不足以阻止我們承認他的偉大的思考力和創造力。

還有一層因為要保障個人和少數人的自由，抵制共產團體的專制，凡私人得在合理的限度和社會的管轄之下擁有資本。　而這種私人的資本是完全可以移動的；就是資本所有人如果要移居別處，和出外旅行，他可以將他的資本攜去，所有他的勞力，技能，和投資，在世界上無論那一部分，必為大家所歡迎。　傅立葉這種計畫，對於現時許多信仰「科學的社會主義」的人，是一種狠重要的教訓。

我們相信傅立葉的社會制度完全是一種烏託邦，他運用他的聰明才智，將我們政治上和社會上進步的要旨，多半都推論出來了；然他們以為他所主張之人類情慾的充分發達說，必即刻使社會復入於紛亂的狀態，如果人類倫理上和合理的發展日進不已，或者將有一種時代，使大家得到更大的自由，然要達到這種目的，決不是將道德的規範完全棄掉，一定是將他完全化合起來。

第三章　一千八百四十八年的法國社會主義(French Socialism of 1848)

一千八百三十年是社會主義史上一種重要的紀元。當這個醞釀時代，聖西門派的活動達到最高的限度，而傅立葉的學說也得到一種變成具體雛形的機會了。但是當一千八百三十年革命時代的社會主義所生之最大的結果就是法，英，兩國有產階級(bourgeoise)和無產階級(proletariat)的對峙，完全確定一事，而這兩國在近世工業的，社會的，和政治的運動中又居最重要的位置。從前一般共同和封建制度及復古運動戰爭的人以後為大勢所迫，便分成兩種階級了。當時因英，法兩國採用限制選舉的結果，有產階級便逐漸握權得勢，變成一種治人的階級了。

一般無產階級既不能享有政治上的特權，復為經濟界的現狀所壓迫，現在却成為一種革命黨了。　一千八百三十一年法國里昂(Lyons)所發生的暴動使是世事改變一種初期的徵候，當時一般饑餓的工人手持武器，舉起爲亂，而武器上且標有「生則作工否則戰死」等字。英國民權主義(ohartism)的運動與此相較，局面更爲闊大。　以前研究聖西門和傅立葉的學說的人，幾乎全屬於受過教育的階級。　現在社會主義却直接訴於勞動的工人了。

在這一章中我們所重注的是法國社會主義新形態的發達。　巴黎是歷來革命活動的心中點，現在又變爲社會主義醞釀的場所，此事當平民的君主路易腓力普(Louis philippe)後半期爲尤甚。　一千八百三十九年路易柏郎將他所著的工作組織(Organisation du travail)付印，而卡伯(Cabet)也將他所著的依卡利游記(Voyage en Icarie)公布於世。　至一千八百四十年蒲魯東將他關於財產的著作也刊行出來了。　巴黎是一種學校，所有少年的改革家都往那裏去學習關於革命的功課。　當那個時候，遊歷巴黎著名的人物有德國社會民主黨的開創者拉塞爾(Lasoalle)，科學的國際社會主義的領袖馬克思，和無政府主義的傳播者巴枯甯(Bakunin)

上面三個人所有關於社會主義的學說，有極遠大的影響，但是這種學說到了以後才充分發達。當一千八百四十八年革命時代，路易柏郎和蒲魯東的社會主義的活動，可說是登峯造極了，而他們的活動對於當時巴黎種種事件都有很大的影響。

路易柏郎（Louis Blonc）

聖西門和傅立葉的社會主義大半是想像的，是烏託邦的，所以這種社會主義對於當時實際上的生活，關係不甚密切，這是我們已經知道的。自路易柏郎出，社會主義的運動便與法國的國民史實行接觸了。路易柏郎的學說中最著的特點，就是他要求國家的組織以民主主義爲根據，以爲社會改造的預備。他所主張的制度在現存的國家裏面，和一種有力的勢結合攏來，所以便有了一種確定的基礎。

路易柏郎生平的事實此處也不用詳說。他於一千八百一十一年出生於馬得里地，當時正値西班牙皇位不定之際，他的父親在爵塞夫（Joseph）之下做財政總監督。他少時在巴黎當新聞記者，狠享盛名，至一千八百三十九年創辦一種進步雜誌（Revue du progres），他在這種雜誌裏面將他關於社會主義的傑作工作組織（Organisation du travail）首先刊佈出來了。這種著作即刻印成書本，法國的工人爭相購買，因爲此書文體流暢，他描寫當時的弊病，痛快淋漓；他所主張的社會改良計畫，簡易可行，並且含有一種適宜的民主主義，所以他的書極爲大衆所歡迎。

這部書的大部分是宣布自由競爭中種種罪惡，關於此點是路易柏郎和別的社會主義家所共同攻擊的，所以我們也不用停住多說。他在這本書中所提議的實行剷除這種弊病的方法，是狠有趣味的。世間有一種意見以爲精神和肉體是一定不相容的，路易柏郎和以前的社會主義家一樣，都不承認此說；人類的目的當在使人性的兩方面都調和發達起來。進化的公式是雙方並進的：就是人類互相聯絡，自由通力合作，大家的命運加以道德上和物質上的改良。然路氏以爲沒有政治上的改良，則社會的改良不能成功。政治改良是一種手段，而社會改良是一種目的。單只找出種種正當的方法去實行人類互相聯合的原則，或是單只找出種種正當的方法，依理性，正義，和人道的規則去組織工作都是不夠的。社會改良方面，須有政治上的勢力，然政治上的勢力都在立法關機，司法關機，和軍隊裏面：不用這種勢力去作一種工具，他們就將變成一種阻力了。

路易柏郎因爲上述的種種理由，很願意將國家建設於一種完全民主主義的基礎之上，他以爲這是成功的第一步。 貧民解放問題是非常煩難的，須國家竭全力去做，才有解決的希望。 工界所缺乏的東西是勢力所必需的工具，政府的責任就是以這種工具供給他們。 如果我們要對於我們心中所想像的國家下一種界說，我們便當說，「國家是貧民的銀行」。

路易柏郎要求民主主義的國家，須設立許多工業的聯合會，他稱這種會爲社會的工廠，這是用爲漸次代替私人的工廠的。 國家須供給組織這種社會工廠所需的金錢，須將他的組織的規則規定出來，第一年並且須任命官吏去管理一切事務。 但是這種社會工廠一經創設之後，進行無阻，便當自給，自動，並且自治。 工人須自己選擇指揮人和管理人，須自己分配利益，須設法擴充已經舉辦的事業。

在這種制度之下，那裏還有武斷和專制的餘地呢？ 國家須組織社會工廠，須製定關於這種工廠的法律，並且爲公益起見，須監督這種法律的實行；但是國家的責任就在這裏爲止境。這樣的情形是一種專制嗎？能夠這樣，不獨工業聯合會的自由和組織這種會的私人的自由沒有損害；他們的自由並且得到國家實力的維持。民主主義的政府，對於人民所干預的事體，是將自由競爭制度所產生的痛苦，紛亂，和壓迫，盡行除去，並且以一種眞正的和積極的自由，去代替放任主義的僞自由。

路易柏郎對於技能和勞力的報酬理論很高。他說，「凡確定天才適當的價值不是以他從社會上所得報酬的多少爲標準，但是以他造福於社會的大小爲標準」。這句話並不是什麼巧飾之詞；這是路易柏郎工業聯合會裏面報酬的原則。社會即或願意報酬牛頓（Newton）的天才，但是社會的力量也決不夠；牛頓將管轄世界的定律發見出來，他的心中非常歡喜，這就是他所得的適當的報酬。非常的才能一定會發展出來，他對於社會所造出來的偉大的福利就是他所得的報酬。

路易柏郎相信一種以能力爲標準的等級政治；在他最初幾次所出版的工作組織中，他主張報酬以能力爲標準，但這不過是他一時的主張，並且是他對於當時所流行的反對社會之意見，作一種讓步。至一千八百四十八年，此書重行出版，路氏已經將這種讓步取消了，當這一年，他的學說在歷史上占重要的位置。「雖然現代所施之虛僞的和反對社會的教育，除了以厚俸作一種原動力去鼓勵大家向上外，就沒有別的方法，然將來的工資必是一樣多的，因爲人類受了一種最新的教育，他們的意見和性質一定會發生變化」。凡資本家當令其投資於各種工會，並且在一定條件之下，當使其得到利息；但是這種集合的資本逐漸增加，私人投資的機會便將減少了。資本家的專制在實際上就受了一種致命傷。

一千八百四十八年的革命在民主主義的發達中是一種狠重要的時期。在古代及中古時代，民主主義是和城市生活相關連的；凡國民都親自出席於議會，親自發言，親自選舉。近世的民主主義在各大國裏都發達起來了，蔓延甚廣，而國民只能藉被選舉的代表之力去行使他們政治上的權利。所以在近世政治學上，選舉權是狠重要的。近世民主主義的發展，經過狠多的變遷，首自英國設立議院，繼以荷蘭人抵抗西班牙人的爭鬥，一千六百四十二年和一千六百八十八年的英國革命，一千七百七十六年的美國革命，及一千七百八十九年的法國革命。然在最初的爭鬥中，一般人民，沒有十分參加。到了一千八百四十八年，工界才出現於歷史的舞台上——如果別處不是這樣，在歐洲一定是這樣的。

一千八百四十八年的革命之亂，幾乎將西歐和中歐全部都風動了。這種革命是一般人民大家起來抵抗舊式的政治制度；抵抗維也納的條約（The Treaty of Vienna）所處分的事件，因爲這種條約依各强國君主的便利，將歐洲瓜分了；這種革命並且是抵抗一般不負責任的政府，因爲他們對於人民的志願，毫不顧及。

我們現在所特別論及的法國革命，是一般人民抵抗採用極端限制選舉的代議君主政體而起的革命。這種變亂，事前並沒有詳細的規畫，凡願意革命和實行革命的人，自己都驚訝起來。然這種革命在世界進化中是一種重要時期的標點，因爲他的結果，人類才初次看見一個大國的立法機關，是依照普通選擧的規則組織的，才初次看見籌謀工人的利益，是認爲政府無上的義務。

當一千八百四十八年法國革命的時候，路易柏郎和這種革命中社會的民主主義方面，是一個狠有名的人物。　他在工界中狠占勢力，又爲工界代表一切情慾和熱望，所以他在臨時政府中得了一個位置。　他在政府裏面，有許多和他同心合意的人維持他，而在這種人中有一個工人才具優長，這椿事在近世歷史上也是狠著名的。　但時機雖然是狠順利，路易柏郎却沒有成就許多狠大的事業。　他的計畫不能說是得到大家徹底的了解，也不能說是經過一種狠好的試驗。　他在臨時政府裏面是一個新事業的先鋒，然這種事業的時機尙且沒有十分成熟。

凡路易柏郎所籌畫的社會改造的計畫在一千八百四十八年所組織的國家工廠裏面，並沒有完全實行。　據法國政府所設立的調查委員對於此事的報告和國家工廠管理人陶碁斯（Emile Thomas)所著的國家工廠史（History of National Workshops），便知道那些國家的工廠不過是模仿路易柏郎的計畫而組織的，然因作用不同，反使這種計畫起大家的疑惑。　當革命時代，國內騷擾，有許多良莠不齊的貧民都因此失業，國家工廠就是爲安插他們而設的，然這些人的勢力都用在不生產的工作上；而路易柏郎所籌畫的，自然是生產的工作，並且他所提議招致入工會的人須性情善良，有人保證。　他的反對黨的志願是預備一旦和社會黨决裂，凡在所謂國家工廠裏作工的暴民，都將幫助他們。

有許多倣照路易柏郎的計畫所組織的私人工會，的確是受了政府的津貼。　但是津貼的全數不過十二萬金鎊，而此數的大部分又用於和給予的目的不相符合的事體上。　政府原來的意思也不是希望這種工會有所成就。　還有一層，自二月革命以後，正是一種工業停滯和危險的時期，凡工業計畫不論是依照老法子或依照新法子，都沒有成功的希望。　在這種情形之下，有幾個工會非常興盛，這種事實可以作爲一種證據，表明路易柏郎的計畫含有活動力的元素。　拉塞爾曾大聲疾呼說，「說謊是歐洲一種勢力」，就上面所說之事實的全部歷史看起來，他這句話是眞的。　有許多著作家不肯用心去考查事實，只一味說謊，所以就生出無窮的錯誤來了。

路易柏郎雖是一個首領，然當危急之際，他自己個人既沒有力量，又沒有久遠的政治上的勢力，足以使他的主義達到成功的地步。 他是一個和藹的，活潑的，善辯的，和熱心的人，但是缺乏一種支配大衆的力量。 在盧森堡(Luxembourg)的勞働會議中，他當主席，這種會議沒有一點結果就散了會，徒然爲他的反對黨所快意。

法國基于普通選舉的原則所產生的議會，是五月間集合的，議會中所有法國的農民和大多數國民對于巴黎和別的工業集中地的工界在意見上並不一致。 這種議會對於臨時政府中一派所敎促實行的社會民主主義的活動，也並不贊成。 許多國家工廠也倒閉了，巴黎的貧民便挾持軍器，羣起爲亂，旋經卡維泉(Covaignac)於六月中大殺之後，便蕩平了。 路易柏郎對於此次革命絕對不能負責任，這種革命所以稱爲社會主義的革命，不過因一般貧民參預其中，而社會主義又自認爲貧民階級的保護者罷了。

蒲魯東(Proudhon)

蒲魯東於一千八百零九年出生於法國柏桑爽(Besançon)，此處就是社會主義家傅立葉的出生地。 蒲魯東出身非常微賤，他的父親在一個釀酒者的家中做箍桶匠，他幼時牧牛，或做與此相同的一類事件。　但他也不是完全靠自已教訓自己的；他到了十六歲，進了本地的學校，雖因家貧無錢買書，然他却向同學借書，將所要教的功課抄錄下來，以備應用。　他此時有一樁很饒趣味的事，就是一日他得了校中許多獎品，回到家中，却沒有一點食物可以充饑。

他到了十九歲使在一個印刷局當排字匠，後來升為一個校對人，他因為校對關於教會的著作，便得了許多神學上的知識。　他因此又學了希伯來文，並且將這種文字和希臘文，拉丁文及法文互相比較。　他恃他的聰明，作一篇普通文法論(Essai de grammaire generale)，這就是他智力上膽大妄為的第一種證據。　然他對於博言學的規則既茫無所知，他的論文自然是沒有價值。

至一千八百三十八年，他得到一種津貼，每年計一千五百法郎，以三年為期，這是柏桑爽學校用以獎勵一般有望的青年的。　到下一年他做一篇論文名為遵守安息日的利用(On the utility of Keeping the Sunday)，這篇論文使含有他思想革命的種子在裏面。　此時他前往巴黎，他的生計非常困難，遂避世絕慾，專心求學，他對於當時正在萌芽的社會主義的理想很有研究。

至一千八百四十年他將他的第一種著作財產是什麼？（Qu'est-ce que la propriete?）付印。他對於這個問題的有名的答案是財產是贓物（La propriete c'est le vol），柏桑爽學校對於這種著作自然是不大高興，並且有一種謠言，說要將他的津貼取消；但是這椿事沒有見諸實行，他仍然照常得到津貼。

蒲氏第三種關於財產的著述是用一種書信的形式宣布出來的，這封信是寫給傅立葉黨徒孔西得朗（M. Considerant）的，他因此便在柏桑爽受了審問，但是旋被釋放了。至一千八百四十六年他的最著名的傑作矛盾的經濟制度或是貧困的哲學（Systeme des contradictions economiques, ou Philosophie de la misere）出世了。他在柏桑爽發起組織一個小印刷所，但是沒有成功；後來他在里昂一個商店裏當經理人。到了一千八百四十七年，他就拋棄這種職業，寄居巴黎，他現在居然變成一個革新運動的首領了。

他對於法國二月革命的爆發非常婉惜，因為一般社會改良家都沒有預備；但是他自己却抱一腔熱血，投身於意見紛歧的渦漩中，因此他卽刻就得一種舉國皆知的惡名了。 他是人民代表(Representant dn people)和別的新聞紙的原動力，在這種新聞紙裏面凡最新的學說都是用最激烈的言詞傳播出來的；他既代表色納郡(Sienedeportment)當國會議員，便提出一種有名的議案，要求對於利息和租金當徵收三分之一的稅金，這種提議自然是被大家拒絕了。他想試辦一個銀行，放款出來，不須保證，但是此事完全失敗了；他原來要求五百萬法郎，畢竟只得到一萬七千法郎。 他因為言詞過於激烈，遂在巴黎受了三年監禁，當那個時候，他娶了一個少年女工做妻子。

薄魯東的目的是在經濟改革，不是在政治改革，所以他對於法蘭西第二帝國沒有什麼特別的爭議，他生活於這個帝國之下，在比較上是較為安靜的；至一千八百五十八年，他所著的革命中和教會中的正義(De la justice dans la revolution et dans l'eglise)一書出版了，他在書中用異常憤激的言詞攻擊教會和別種存在的關機。 此時他因為怕受監禁，便逃往不律塞（Brussels）去了。他後來再回到法國，雖繼續著書，然他的健康已經壞了。他於一千八百六十五年死在巴息（Passy）地方。

蒲魯東是近代法國一個最著名的人物。他的爲人非常質樸，束身也最嚴謹；他對於家庭慈愛備至，對於朋友誠信無欺。當時法國所流行的社會主義既抱一種烏託邦的理想，又極不道德，所以他極端反對；他並且對於當時極占勢力的種種意見和制度，用盡最激烈的言詞，去譏笑怒罵，然從沒有人對他私人懷一種怨恨之心。從他所言和所行的事看起來，他眞是那些沒有爲通常社會和學校的敎育所陶鑄的人之後裔；所以他的行爲是很粗魯的，他的意見是很偏執的，他的言詞是很誇張的。然他爲人也是很武勇的，很光明的，並且是很率眞的。

我們要想將這樣一個不依常規的思想家之意見加以整理，使之成爲一種有統系的東西，簡直是不可能的事。蒲魯東到了晚年自己也承認「他的出版物的大部分不過是一種零星研究和考察的著作，然他因此對於政治和經濟的原理便漸漸地具有一種優越的觀念」。他的學說的根本地方是很淸晣的，並且是很實在的；他以爲經濟原理的性質是很顯明的，沒有一個人能夠像他一樣，極力去主張此說。　他很相信有幾種關於道德上的觀念是絕對正確的，他的學說的主眼就是將這種觀念熔化在政治經濟學中間。　公正，自由，和平等是這種基本觀念中最重要的東西。　例如在一個理想社會裏面，他所願意實現的東西就是報酬當完全平等。　他的主義是勞力報酬勞力，和一天的工作與一天的工作相等——換一句話來說，就是工作的時間是估價最公道的標準。　他對於這種學說所發生的結果並不推避，因爲他對於一個拙劣無比的石匠所給的報酬，很願意和他對於一個腓地(a Plidias)（譯者按腓地是希臘最著名的雕刻家。）所給的是一樣多的；然他很希望在人類進化中將有一種時代出現，凡現在人類技藝和才能的不平等，到那個時候將降至一種極小的限度了。

蒲魯東從他的勞力和勞力相等的大原則中推出一條原理，就是，財產權是一種沒收絕產的權利(Property is the right of aubaine)。　一個外國人來到一國，沒有歸化，便死了；於是這一國的君主遂利用沒收絕產的權利，要求享有死者的遺產。　普通財產權也是屬於同一性質的權利，這種財產權具有同樣的權力，將別人的產物，用租金利息等等名目據爲己有。他眞是不勞力而收穫，不生產而消費。

所以蒲魯東的目的是在使一種基於公正，自由，和平等各原則的社會科學實現出來；「這種科學是絕對的，是健全的，是基於人性，人類的能力，和人類相互的關係的；這種科學我們不用去發明，只要發現出來就成了」。但是他很知道這樣的理想和相附而起的一切重要問題，在社會進化中須經過一種長久的和煩難的過程，才能夠實現出來。他對於聖西門和傅立葉兩派不道德及淫佚的行爲，非常厭惡，這是我們已經說過的。這兩派常以爲用一種預定的和完全的改革計畫可以將社會即時改變，魯蒲東對於此說，也極力攻擊。他說，「這種說法是人類所不常遇見之最可鄙的謊話」。

蒲魯東對於社會改革分爲過渡時期和成功時期。在過渡時期中，他主張逐漸取消那種沒收絕產的權利，並且限制租金和利息，等等。他自己宣言，對於他所想像的社會，只規定一種普通的原則；沒有什麼預定的計畫，也沒有什麼烏託邦。一種新社會積極的組織，詳細規畫起來，須用五十個孟德斯鳩(Montesquieus)的勞力。　蒲氏所主張的社會組織，是以集產的原則爲基礎的，就是一種自由的聯合會，而這種會注重分工，並且維持個人和國民的兩種人格。　他心中抱一種熱忱，極力主張人類的尊嚴和自由，所以他對於主張社會改革而不使個人得充分自由發達的學說，不能容忍。　此外他還有一種著名的無政府妙論，他以爲無政府是社會自由發達的極點，因爲經過人類倫理上的進步，政府便變成一種不重要的東西了。　每個人應當以自身爲法則。　他說，「以人類去管轄人類的政府，無論是何種組織，總是一種壓力。　凡極完善的社會是風俗習慣和無政府聯合攏來的」。

蒲魯東關於財產的學說，是認財產權爲一種沒收絕產的權利，在實質上，此說和馬克思及後來許多社會主義家的資本論是一樣的。　財產和資本都認爲一種利用他人勞力的權力，並且是認爲一種要求他人依勞力所得的產物而不報酬的權力。　蒲魯東著名的妙論「財產是賊物」一言不過是上面這種普通原則中一種銳利的詞鋒罷了。　奴隸制是一種暗殺，因爲他將一個人的人格中所有最可寶貴的東西都毀滅了；而財產是一種賊物，因爲他將別人依勞力所產的物品，毫無相當的報酬，用一種租金，利息，或利益的名目都奪去了。 蒲魯東對於私人的財產主張革除，因爲人類對於占有這種東西的權限應當是相等的。

法國當六月革命流血之後，國內的社會主義不復具有偉大的勢力；而巴黎也失去革新運動中心點的資格了。 這種變亂的結果將工人最富於冒險精神的領首都勦滅了，將其餘的人的意興都掃去了，而第二帝國的僞興盛却將他們不可終日的困苦減少了。 法國在拿破侖三世(Napoleon III)之下，是比較地較爲安靜。 就是國際工人協會(The International)當發起時法國工人出力之處雖很多，然到了此時，他在法國也沒有一點勢力了。

第四章　英國初期的社會主義 (Early English Socialism)

英國初期的社會主義和法國同一的運動相比較，却有一種變故極少的歷史。 要想懂得渦文著作的旨趣，就當將那個時候英國社會情形最重要的特點追敘一番。 英國勞働家不能夠從土地上取得一定的利益。 他在地方政府和中央政府裏面都沒有發言權。 他所受的教育極其有限，甚至於完全沒有受過教育。 他所住的地方壞到極處了。 直到一千八百二十四年他才有一種集會的權利，以前連帶這種權利，都是爲政府所不許的。農夫所得的工價，低落達於極點了。

工人因爲工業革命，所得的利益是極不確定的。工界大多數人因爲國內改用機器，工業上發生極大的變化，遂致流於赤貧陷入極困難的地步；而矯正這種事業的趨勢又極遲緩，並且時常爲新起的變化所阻擾。工作的時間長極了，毫不近乎人情。婦女從事工業，小孩子才到五六歲也在工廠中作工，所以男工須和這些婦女及小孩子競爭。而小孩子作工的時間和成人作工的時間是一樣長的，他們並且時常爲監工人所虐待，他們既沒有父母的保護和監視，又在一種不道德和不衞生的狀況中，與男女工人混在一起，他們自然會沾染一種最壞的習慣，而將來他們的子孫一定也是很邪僻的，很輕率的，並且一定是體力很弱的。

英國的工人既沒有受過教育，又沒有政治上和社會上的權利，而一般農民也沒有土地，簡直是一種田奴，既是這樣，那麼英國以前的貧民律不過是萬惡制度中一種有名無實的部分罷了。這種禍害是由上面種種很長久的原因而發生的，自有名的拿破侖戰爭終止後，復生出許多特別原因，和上面所述的各種原因合在一塊兒了。於是英國人民的窮困遂變成一種很嚴重的國家問題，而渦文在這種情形之中，才起首將他的社會主義的計畫宣布出來。

渦文是一個博愛家，也是英國社會主義的開創者；他於一千七百七十一年出生於北威爾士(North wales)蒙果墨列協(Montgomeryshiro)的紐塘(Newtown)村中。他的父親在紐塘當理鞍匠並且兼做鐵商，渦文在此受了一種學校教育，至九歲爲止。他到了十歲便在斯坦佛得(Stomford)一個布疋商店中當徒弟，一連有三四年之久，他後來在倫敦(London)某商店中得了一點做事的經驗，便移住於滿切司特(Manchester)。

他在滿切司特所做的事業，成功極其迅速。他到了十九歲，便在一個棉花工廠當經理人，這個工廠有五百個工人，他做事精明，強幹，慇懃，穩健，所以這個工廠即刻就成爲大英國棉花工廠中一個最好的工廠。渦文將輸入英國的美洲海島(American Sea-Island)棉花應用於工廠中；這是從美洲南部運來的第一種棉花。渦文對於棉質改良也有最顯著的貢獻。他在英國是第一個紡績者，這是毫不容疑的，而這種位置和他的才能及他對於這種工業知識是完全相合的，所以他初到工廠，便覺得廠中管理和配置不善，他遂一人獨負完全責任，將工廠加以整理。

當渦文在紐拉拿克(New Lanark)初次覺得他將來當盡力於博愛運動的時候，他已經是滿切司特地方科爾頓推司特公司(Chorlton Twist Company)的經理和股東。他有一次到了格拉斯哥(Glasgow)，便和紐拉拿克工廠主人得爾(Dale)的女兒情投意合。他遂勸誘他的各股東購買紐拉拿克工廠的股票，他自從和得爾女士結婚後，便住在紐拉拿克，至一千八百年，他當紐拉拿克工廠的經理和股東。他在滿切司特經管棉花工廠，有極大的成效，他為這種成功所鼓勵，遂想引導紐拉拿克工廠應用一種高於當時所流行的商業上之原則，去改良一切事宜。

紐拉拿克工廠創設於一千七白八十四年，這是得爾和阿克來德(Arkwright)共同經管的，這個工廠利用克來得(Clyde)河的河流充作發動機器之力，這是一樁最惹人注目的事體。工廠中約有工人兩千，中有五百人係小孩子，大半只有五歲或六歲，都是從壹丁堡(Edinbur-

1816）和格拉斯哥的貧兒院及慈善院招來的。得爾對於一般小孩子特別優待，但是其餘的工人的情形便令人很不滿意。他們中間有許多是最下等的人，因為凡自重的鄉民不肯在工廠中做長時間和令人墮落的苦工。偷賊，喝酒，和別種壞的事體是時常出現的；教育和衛生事宜是一樣地沒有人留意的；大多數帶家眷的工人都只住一間屋子。

現在這一種工人歸渦文管理，於是他就專心致志去提高他們的地位，並且改良他們的現狀。他首先將他們所住的屋子大大地加以改良，並且藉他自己慷慨和仁愛的力量，教訓他們養成一種守秩序，好潔淨，和節省用度的習慣。他開一個雜貨鋪子，凡工人可以從鋪中得到最好的貨物，而所出的價錢，比貨物的實價，只稍高一點兒；惟賣酒一事，則監察極嚴。他對於教育少年工人特別盡力，他的最大的成功也就在這裏。他是大英國嬰兒學校的開創者；他此舉雖落在歐洲大陸許多改革家之後，然他似乎沒有藉助於外人的提議，他只依自己對於教育方針的意見去辦理這種學校。

渦文所有各種計畫都收了極大的效果。他起初雖為一般人民所疑忌，當他做一個外人看待，然他不久便爲他們所信服了。他所經營的工廠仍然是非常興盛的，但他有幾種計畫實行時自然是耗費很多，各股東對於他，不用說，也自然是不大高興。工廠中有一班人願意依通常的規矩去處理一切事務，他們對於渦文加以種種限制，他後來很厭惡這些限制，遂於一千八百一十三年另設一個商店，凡店中各股東所投的資本，都甘心情願只要百分之五的利息，並且對於他的博愛的施設都狠願意聽他自由處置。邊沁（Geremy Benthan）和有名的友誼會會徒阿蘭（Williom Allen）都是這個商店的股東。

同渦年文又以著作家的資格出現於世，他在他的論文中，將他的敎育上的博愛制度所憑藉的原理，闡明出來了。他早年對於當時流行的宗敎中種種程式，毫不信仰，他自己想出一種信條，他以爲這是一種完全新穎的發見。他這種哲學中最重要之點是一個人的品格不是自己造成的，是一種外力替他造成的；就是他週圍的種種環境替他造成的，這種環境是他的力量所不能夠左右的；一個人不是毀或譽之適當的目的物——此等原則便引出一種實在的結論，就是，好好地造成一個人的品格之密訣，是將他從早年起放在一種適宜的體育，德育，和社會的感化之中。　人類對於自己的品格不負責任，和早年感化力的偉大，這些原則是渦文教育制度和社會改革計畫的總綱。　這些原則在他的第一種著作中都貫通起來了，他的第一種著作叫做社會新見解，又名爲人格養成之原則(a New View of Soicety; or, Essays onthe Principle of the Formation of Human Character)，這種論文(共有四篇)的第一篇是一千八百一十三年刊布的。　渦文的新見解在理論上是屬於一種很舊派的哲學，他獨出心裁的地方，就是將這種見解應用於博愛的事業上。

以後幾年，渦文的著作在紐拉拿克着起來，仍然還有通行全國，甚至於通行歐洲的價值。　他於一千八百一十六年在紐拉拿克創辦一種教育機關，所有他的工人教育計畫，在這裏頗著一點成效。　他對於制定工廠法律一事非常熱心贊助，然結果便有一千八百一十六年的工廠條例出現，這是他所最失望的。　他和政府中各重要人物　首如利物浦(Lord Liverpool)等時相往來，他又和歐洲大陸各國元首及各著名的政治家互相交通。　紐拉拿克地方也變成一種歷游的場所，凡社會改革家，政治家，和各國皇族中人物，多往來此間，俄皇尼古拉沒有郎位之前，也常來此處。　凡曾經歷游此地的人，都稱述渦文所辦的事業，是極有成效的。　凡在他的法制之下教養出來的小孩子，態度非常溫雅，活潑，自然；身體非常健全，心中很知自足；至於喝酒一事差不多是他們所不知道的，而違犯規則等事也是極少的。渦文和他的工人感情非常之好；所有工廠中各種工作進行非常順利，又極有常度；而工廠事業仍然是獲利很多。

渦文的事業從起首到現在仍是一種博愛家的事業，他最大的特點就是他的種種計畫都是出自心裁的，毫無偏私的。　至一千八百一十七年他才轉而傾向於社會主義，他向下議院起草救貧民律的委員會所上的條陳，就是他的社會主義具體的表現。　自拿破崙戰爭終止以後，人民困苦，百業停滯，此等事遂惹起英國全國的大注意。　渦文對於因慘酷的大戰而起的各種特別原因，詳細追究一番，後來他便指出禍患的遠因就在以人力去和機器相競爭，他以爲補救此事唯一有效的方法，在人類大家聯攏來通力合作，使機器居於附屬的地位。　他所有對於拯救國民窮困的種種建議，都是以這些原則爲基礎的。

他贊成一種由一千二百人左右所成立的社會，定居於一千畝以至一千五百畝的地面上，大家都共住在一個四方形的大建築物裏面，並且有公共的廚房及公共的會食堂。每個家眷都有自己的私室，凡未滿三歲的小孩子都須由各家自己撫養，到了三歲以上，則由公家擔負教養的責任，然他們的父母仍可於會食時及別的適當的時候和們他相接近。凡私人，教區，州郡，或國家，都可以組織這種社會；無論在那一種情形之下，凡社會中諸事均須由資望相當的人物實行監督。凡工作和工作的產物都是人人有分的。

渦文所籌畫的社會體積的，大半是受了紐拉拿克村的影響；他不久便進一步，主張這種計畫是普通社會改造的好模樣。他所主張的社會組織充分發達起來——當渦文在世的時候，他的計畫不能說是有多大的變更——大概如下。他以爲從五百人至三千人的團體是一個好工作社會中最適宜的數目。如果這種社會是屬於農業性質的，他將備有各種最好的機器，將使各人從事於變換極多的工作，要是能夠達到獨立的程度，這種社會便當完全自立，不倚賴外力。換一句話來說，渦文所主張社會的目的，是在造成許多專靠自己的單位，而在這種單位中應當有一種最完善的教育，應當將大公無我的教訓時常演講出來，應當將鄉村生活和城市生活的種種利益打成一片，並且應當利用所有工業上最進步的技術，將工廠中單獨無變化的工作，變成一種極自由的和種類繁多的工作。這種團體的數目逐漸增加，他們便將聯合攏來，由十而百，由百而千，成一種連環狀，於是他們將徧布全球，將世界變成一個利益共的享大共和國家了。

渦文的救貧計畫極受公衆的歡迎。泰晤士報（The Times）晨報（The Morning Post）和國中許多著名人物，都極端稱許他這種計畫；他的朋友中最贊助他的人是維多利亞女皇（Queen Victoria）的父親肯德公爵（The Duke of Kent）。當他在倫敦大會演說的時候，他不依常軌，極力攻擊宗教中各種已經爲大衆所信奉的程式，他沒有演說之前，本已具有一種全國傾聽的魔力，並且很可以藉社會改革家的資格，出來做一番偉大的事業，他的前途本是極有望的。但是自從他此次演說之後，便大大地傷了國人宗教上的感情，於是大家以爲他的學說含有一種不信仰上帝的元質在裏面，遂生出種種疑惑，不復信從這種學說了。

然渦文的自信力絲毫沒有搖動，他時常希望他的組織社會的計畫，能夠見諸實行。及至一千八百二十五年，他的弟子康不(Abram Combe)在附近格拉斯哥的阿畢士頓(Orbiston)地方實行組織新社會的試驗；在同一年內，渦文自己在美國印地那（Indiana）的紐哈謨烈（New Harmong）地方也作一種同一的試驗。經過兩年的實驗，師弟兩人的計畫都完全失敗了。 這兩種實驗都不是什麼貧民組織的試驗；在他們所組織的團體中，人類極雜，因爲有許多很高尚的很有價值的人，和一般游痞，浪人，及思想乖僻的狂夫，混在一塊兒。

渦文和阿蘭及別的股東時起衝突，經過許多時候，他遂於一千八百二十八年與紐拉拿克工廠斷絕關係了。 他自從美洲回國之後，便以倫敦爲他的活動的中心點。 他的財產的大部分都銷耗於紐哈謨烈試驗中，他現在已經不是一個很大的資本家了，他是社會主義和現世主義(secularism)相聯合的傳教會中一個有力的首領。 當時這種運動有一種最饒趣味的特點，就是一千八百三十二年所制定的勞力平均互換制度，在這種制度之下，所有交換，均以勞力證劵爲媒介，而平常交換的方法和媒介物都一律廢棄了。 渦文於一千八百三十五年創設一種萬國各階級協會，「社會主義」一語，在這種會的各種討論中，才初次流行起來。

當這幾年，渦文現世主義的學說，在工界中也很占勢力，所以一千八百三十九年威士明司脫雜誌（The Westminster Review）中便有一段記載，說他的主義是世界一大部分人實在的信條。他對於婚姻的見解是很放縱的，所以一般放僻邪侈之徒犯了罪過，都藉他這種見解去作護身符。當時共產主義的試驗又實行起來了，其中最重要的就是在愛爾蘭（Ireland）克烈郡（The county of olare）的烈拉希（Rolahine）及漢柏協（Hampshire）的提特烈（Tytherly）兩處所試辦的。前者是一千八百三十九年組織的，經過三年半之久，極著成效，後來因為供給土地的地主因賭博傾家，將此等土地賣給別人，而這種團體遂解散了。後者也是一千八百三十九年成立的，但不久便完全失敗了。渦文和他的徒黨因為宣傳他的主義便時常開會演說，刊行各種小冊子，定期出版物，和臨時論說等等，非常熱心，然至一千八百四十六年的時候，他這種行動的結果不過是成為一種協作運動罷了，而實際上這種協作運動似乎已經是分崩離析了。他到了晚年極相信唯神論（Spiritualism）。他於一千八百五十八年死於他的誕生地紐塘地方，時年八十七歲。

渦文要組織他所主張的社會，卒致失敗，這種原因是非常明顯的。除了社會主義本身所附屬的種種困難足以妨害進行外，他又越出常軌，攻擊歷史上的各宗教，和婚姻上已經成立的種種意見，他的思想太偏，自信太過，凡要使普通一般人民從一種舊制度中轉入一種新制度，中間須有許多過渡的方法，他對於此點也不用心去考究，所以便引出社會上許多阻力來了。倘若他確守他早年的各種方法，堅持他所實驗之專斷的方針，他的成功的機會一定要更多一點。還有一層，渦文對於人性中善的方面相信太過，而他對於社會進化的定律又茫無所知。他的環境造成人格的教旨，不過是將近來社會主義所注重的社會進化連續推移之公理(The law of social continuity)粗述一遍罷了。他自以為他能夠打破這種連續推移性，像演魔術一樣，另造一種新環境，而這種新環境的結果就將產生一種新時代，所有新時代的人民都是有理性的，都是毫無私心的。然當時的反抗力很強，不是他所能夠制勝的，所以英國的歷史潮流劈面而來，他也無可如何了。

記錄渦文的事實，若不將他和馬爾查士（Malthus）的關係說明出來，這便是一種不完全的記錄。他是一個反對馬查和士的人，他以爲國家的財富因機器改良的結果，已經大大地增加了，而人口增加的速度和財富增加相比較是遠不能及的。所以人類所應當研究的問題不是如何去限制人口的增加，但是如何才有一種合理的社會組織，如何才能夠將財富公平分配給大家享用。凡在他所籌畫的社會中人口一旦超過最高限度，新社會就創設起來了，於是人口日多，新社會也日增，一直等到這種社會布滿全球才止。將來世界經過一種長期之後，也一定沒有人滿爲患的恐慌。當時在愛爾蘭和別的國家裏都發生這種恐慌；但這都是由於世界上盲目的當局缺乏一種普通常識，才有這種過慮。地球上人滿爲患，這種時代一定是永不實現的；即或實現了，那個時候的人類一定是很良善，很聰明，更有理性，他們一定知道怎樣去預防和補救這種變故，決不會和現在沒有理性時代的人類一樣，徒能抱一種恐慌的念頭。以上所說的就是渦文對於人口問題所持的社會主義的論調。

渦文實在是各種新運動中一個先鋒，我們如果以他的事業和影響實在的結果，去評論他的優劣，一定要犯了不公平的弊病。　他除了提倡社會主義的學說以外，對於各種有益的運動，非常熱心發起和贊助。　他是英國嬰兒學校的開創者；他是主張工廠中實行準情合理的短時間工作的第一個人，他對於制定工廠法令，極端贊助——這是英國國內一樁最要緊和最有益的改革事業；他是協作運動（Tho, cooperative movement）眞正的倡首者。　他對於普通教育，衞生改良，和共同生活等事，盡力之點，和獨見之處，遠出時人之上。　他以爲在將來社會發展之中，國家改組，成爲地方自治區、或工人自治團體，大家都可以得到種種福利，他常以此說促國人的注意，這是他生平最盡力的地方，也是他和傅立葉相同的地方。

然渦文的過失也是很多的，並且很重大的；他的見解是很荒唐的，很粗索的，並且是淺薄的，通通這些弊病，到了晚年，越加顯著；他又固執己見，不肯改變，所以他心中所懷抱的主義，受了這種打擊，遂不能發展出來。　但是單就他私人的人品講起來，也沒有什麼可責備之處——他很爽直，很仁慈，並且是誠實達於極點了；他從事於利他主義的計畫，將自己財產都銷耗了，他那種做事的熱忱比較許多專門孜孜爲利的人，還要更大一點。

英國一千八百三十二年的改革和法國的六月革命（一千八百三十年）有同一的效力：這種改革使中等階級握權得勢，而排斥一般工人，於是這種人遂另成一種階級。 工人心中所懷抱的憤懣之氣，在英國改進派所持的民權主義中都發洩出來了。 民權主義從他的內容看起來，是要求政治上的改革；但考究他的起源和最終的目的，這種運動大半却又是屬於經濟方面的。 民權主義運動對於研究社會主義的益處，多半在下面一種事實上，就是凡屬於這種運動的各機關將「贏餘價值」說到處鄭重宣布出來了。 這種餘值論就是後來馬克思所詳加討論，用為他的學說之基礎的。 工人雖生產各種財貨，他自己所分得的分子非常之少，只夠維持他的生活，所有贏餘的東西都歸於資本家，而這種資本家和一般君主，教師，貴族，武士及紳士，都毫不勞動，要工人去供給他們（見一千八百三十五年貧民的保護者）。

英國自渦文主義（owenism）衰歇後，耶蘇教社會主義運動又代之而起（自一千八百四十八年起，至一千八百五十二年止），馬利士（Maurice）經斯烈（Kingsley）和盧德洛（Mr. Ludlow）三人都是這種運動中的領袖人物。 一千八百四十八年四月的民權黨游行會雖毫無結果，然因此馬利士和他許多的朋友對於英國工界所受的種種痛苦却極表同情——他們因一千八〇四十九年晨報（The Morning Chronicle）的「倫敦工作和倫敦貧民」(London Labous and the London Poor）欄裏所揭穿的工界種種黑幕，對於工界遂愈加表示同情。 盧德洛在法國時已經習聞傅立葉的學說，現在在耶蘇教社會主義運動中，他便成爲一個有名的經濟學家，就是組織協作聯合會的意見，也是由他提出來的。

耶蘇教社會主義運動的代表在人民政治學(Politics for the people)和耶蘇教社會主義者(The Christian Sorialist)中，在教壇上，演說會中，經斯烈有名的小說耶斯特(Yeast)及阿爾頓洛克(Alton Locke)裏面，將自由競爭制度的壞處極力暴露出來，他們又攻擊滿切司特派(The Manchester School)，他們以爲如果大家將社會主義懂清楚了，便知道他就是一種耶蘇教，不過是應用於社會的改良方面罷了。 他們主張以倫理上和精神上的各原則作爲維繫社會的東西，他們發起各種聯合會，傳播協作的知識，這都是很有裨益於社會的。 一千八百四十四年英國北部洛芝得爾(Rochdale)的先覺者，受了渦文主義的影響，從事於協作運動，現在他們和這種運動又聯合起來了。 生產的協作(Productive cooperation)沒有什麼多大的進步，但是協作的分配(Cooperative destribution)即刻便大著成效。

第五章　拉塞爾(Ferdinand Lassalle)

(一)拉塞爾傳

一千八百五十三年英法兩國兩重的社會主義運動已經終止，毫無一點重要的結果遺傳下來。 自從那個時候起，社會主義最著名的首領都是德俄兩國人了。

德國一般社會主義家對於一千八百四十八年的革命，和這一年以前的種種社會主義運動，也曾親自參加，並一部分的力量；但是當時他們沒有什麼很顯著的成績，到了後來，他們所做的事業，才能夠使他們的聲名眞正顯揚於歷史上，所以我們以前沒有提及他們現在却不可不大體講一講。 德國社會主義最著名的首領是馬克思，昂格思(Friedrich Engels)拉塞爾，和拉伯爾塔斯(Rodbertus)四人。 而拉塞爾在四人之中是出現於歷史上的第一個人，因爲他在德國是一個社會民主主義運動的發起者。

拉塞爾於一千八百二十五年出生於比洛斯勞（Breslau）。他和國際社會主義的首領馬克思一樣，都是屬於猶太種族。他的父親在比洛斯勞經商，獲利甚豐，所以很願意他從事商業，因此就將他送到來比錫（Leipsic）地方的商業學校去念書；但是拉塞爾狠不願意從事這種生涯，他自已遂轉入大學，起初在比洛斯勞地方所設立的大學校念書，後來又轉到柏林Berlin）某大學校去了。他所最喜歡研究的學科是博言學和哲學；他不久便成爲一個狠熱心的黑格爾黨徒（Hegelion），他在政治上是一個思想極新的人物。至一千八百四十五年，他已經在大學校卒業了，他遂以黑格爾黨徒的眼光，起首著書評論赫拉格立托司（Heraoleius），但是他旋爲別種更有興味的事業所纏繞，遂將這種著作停止了，後來過了許多年，他這種著作才出版。

他在萊因（Rhine）地方住了許久，後來前往巴黎，與他的同國人漢訥（Heine）相識，漢訥和他極相投，並且非常崇拜他。當拉塞爾回到柏林去的時候，漢訥寫一封信給他，介紹他和安塞（Varnhagen Von Ense）相見，信中描寫將來大有活動的拉塞爾，情形畢眞。漢訥說拉塞爾是一個天資極高的少年，並且學問淵博，思想精密，議論豐富，而精力又極强壯，才能又極宏大，眞是令他驚訝不止；他又以半帶嘲笑的態度，稱贊拉氏是一個新時代的嫡子，而這個嫡子將毫不客氣，自認爲實在界（The world of realities）中的人物。 拉氏在柏林極受有名各黨派的歡迎；就是老成持重的洪伯德（Humboldt）也爲他所動，常稱他爲可驚異的小孩子。

至一千八百四十六年的上半期，拉塞爾遇見了哈慈費爾德（Hatzfeldt）伯爵夫人，以後他一生便和夫人有許多很顯著的關係。 哈慈費爾德伯爵夫人和他的丈夫離居，已經有許多年了，因爲他對於他們兒女的財產和保護問題，與他的丈夫意見不合，互相爭鬧。 拉塞爾極力擁護夫人的主張，他以爲夫人受了極端的寃屈，他遂研究法律，代替夫人申訴，經過三十六個法庭之後，他將勢力極大的哈慈費爾德伯爵屈服了，他們夫婦之間遂訂了一種契約，而這種契約對於夫人是很有利益的。

這種訴訟經過八年之久，遂引起世間許多誹謗之詞，而「小箱案」（Cassettengeschichte）

所引起的蜚語尤特別利害。哈慈費爾德伯爵和梅因道夫(Meyendorf)男爵夫人私通，他給他的情婦一種極巨的終身年金，這樁事對於伯爵夫人及他的兒女自然是很有傷害的；於是夫人的許多朋友就想法子要謀得那種年金證券，遂發生一樁竊箱事件出來了。拉塞爾有兩位朋友，聽了他的唆聳，遂跑到柯洛哥(Cologne)地方梅因道夫男爵夫人所住的旅館中，將夫人一個小箱從他的室內偷出來了；他們都以為那種年金證券藏在這個箱子裏面（實則箱中只有夫人的金珠石寶等物）。他們因此被認為行竊，都受了處罰，內中有一個人且處六個月徒刑。拉塞爾也被控，說他在道德上是同謀的人，但是法庭却判他無罪。

拉塞爾和哈慈費爾德伯爵夫人關係密切，到死方休，他因此在德國社會上便不能增進自己的地位。一般人民的心理無論是對的或是不對的，他們總當他做一個投機的人看待，對於他懷一種不良的感想。此處我們也只能夠說，他所竭力要做的事情的原動力是極高尚的；他以為哈慈費爾德伯爵夫人個人的命運和痛苦，就是當時社會疾苦的一種反射，他擁護夫人的主張就是反對這種疾苦的一種道德革命。當這種案件沒有判決的時候，他將他父親給他的財產，劃出一部分供給夫人；後來訴訟得了勝利，他便依照預約，每年從夫人巨大的財產中領取四千達列（四千達列合六百金磅）。他得了這種進款，和他自己的私產合起來，他一生財政的基礎就確定了，以後便無衣食的顧慮。他的行為是一種普通業務和一種武俠相合而成的，無論什麼人去品評他，一定都是這樣說的。他這種行為自然是和種種習俗不大相合，但是他對於這種習俗，毫無重視的意思。

至一千八百四十八年，拉塞爾和馬克思，昂格思，佛萊利拉（Freiligrath）及別的有名人物相結納，這一班人在萊因地方代表當時革命的社會主義方面和極端民主主義方面，他們的機關就是新萊因報（The New Rhenish Gazette）。但是拉塞爾的活動僅限於一部分並且是不甚重要的。然他在杜塞脫爾夫(Dusseldorf)因為攻擊政府當局，遂受了六個月的監禁。當那個時候他將他那種後來深深印入時人腦筋中的演說詞第一篇預備好了，不過沒有宣佈出來。他對於社會上和政治上的重要意見，都含在這篇演說詞裏面。他說，「我時常欣然承認我是一個極端相信社會民主主義的共和國之人」。

至一千八百五十八年拉塞爾大半住於萊因地方，他替哈慈費爾德伯爵夫人代辦訴訟事件，並且完成他對於赫拉格立托司的著作，這種著作也是那一年出版的。 他因為和一千八百四十八年的騷動有關係，政府遂不准他住在柏林。 到了一千八百五十九年，他假裝一個車夫，潛來柏林，後來因洪伯德向普王代為請求，才得居留京城的許可。

在同一年內，他又將所著的有名的論文意大利戰爭和普魯士的使命（The Italian War and the Mission of Prussia）一書刊行出來，他在書中警戒國人對於奧法戰爭，不要去幫助奧國。 他以為法國將奧國逐出意大利，法國或者將合併色活（Savoy），但是法國對於意大利在伊曼紐爾（Victor Emmanuel）之下，歸於統一那樁事必無力阻止。 法國將奧國打敗了，就是替德國做事，因為奧國是德國不統一和弱小的大原因；普魯士要想驅逐奧國，自己去做德意志的領袖，便當與法國聯盟，共同抵制奧國。 自畢士馬克（Bismarck）將這種意見實現之後，便成為一種極平常的見解；但是當拉塞爾這樣發表他的意見的時候，大家的心中並沒有十分懂得清楚。 這樁事體和別的種種事體都足以表明拉氏具有一種政治家的卓識和先見。

拉塞爾在哈慈費爾德訟案進行之中，得了許多法律知識，這樁事對於他在一千八百六十一年所刊行的傑作既得權制度 System of acquired Rights）一書，裨益不淺。 他這種書自以爲是以歷史上的方法，應用於法律的觀念上和這制度上；但是書中抽象的概念也很不少，而這種概念不是眞正從歷史上採集出來的，不過是自由加入的罷了。 他這種研究的結果很帶了一種革命的彩色；因爲這種結果在法律方面所表示出來的主張，比較他對於政治和經濟方面的社會主義的著作還要更進一步。 但是此處却有一種例外須聲明一下，他從來沒有以既得權制度一書爲根據去實行他的社會主義的活動；他這種書不過是一種包羅宏富的著作罷了。

拉塞爾前此是以兩種包羅宏富的書籍之著作者，和與十九世紀一件最特別的及蜚聲四起的訟案有關係的人見稱於世。 現在他却有一種短期的活動，足以使他在歷史上占一個重要位置。 當一千八百三十八年他的革命的活動雖然在他一生事業中算是很短的，但這決不是一樁偶然的事體；這樁事體實足以代表他的性情中一種常久不變的特質。 他的為人是一個學者和一個實行家均勻配合而成的，但是他仍偏重於實行做事一方面。 他的性情中本含有一種革命的和活動的分子在裏面，然因缺乏機會，遂致經過許多年他的性情中這種分子仍然是潛伏不動的。

後來畢竟有一個千載難逢的機會來了，使他得宣布他歷來的主張。 當普魯士政府和反對政府黨互相爭鬭的時候，他便知道這是一種替工人申訴苦衷的好機會，因為工人的疾苦，一定可以壓倒中等階級的自由主義（Liberalism），或者還可以引起政府的同情和敬意。 但他的政治上的計畫完全是附屬於他改良工界境遇的社會計畫之下的；他以為他既是工界的保護者，他在普魯士國內將具有一種勢力，當他着手實行社會改良運動的時候，他便可以決定政治上的計畫。

拉塞爾的社會活動是從一千八百六十二年起首的。 德國在當時正是一種新生活的時代。 那種將黑格爾的德意志轉到畢士馬克的德意志的勢力，現時正在醞釀之中。 現在在普

八九

魯士庇蔭之下，將德意志統一起來，這種時機已經到了。　德國久已以哲學和學說的昌明見稱於世，現在他却將在國家的活動中，戰爭中，政治上，和工業的新方法上，占一個最重要的位置。　那位做新德意志第一屆皇帝的威廉一世(Williom I.)是一千八百六十一年即普魯士王位的。　畢士馬克於一千八百六十二年的秋季出現於普魯士的政治舞台上，居宰相之位，他的任務是在這種新時代中做一番重要的事業。　德國的進步黨(The Progressist party)就是德國自由主義的變相，是一千八百六十一年成立的，這一黨極端反對畢士馬克和拉塞爾兩人。

普魯士要想完成這種著名於世界歷史上的改革普魯士的軍隊，是一種萬不可少的要素。普國政府當局都深知他們的計畫，要想成功，就全靠軍隊的效能是怎麼樣的。　但是自軍隊改組問題發生以後，他們便和一班自由黨人(The Liberals 大起衝突，因爲這種人沒有了解畢士馬克的政策，不肯供給他以各種必要的東西，使他得實現他那種爲德國愛國者所同聲稱贊的理想。

拉塞爾當普魯士君主政府和自由黨人互相爭論各走極端的時候，他便居間調停。他從不爲普魯士自由主義的教義所拘束，他於一千八百六十二年上半期曾作一次講演，題爲憲法之質性（On the nature of a constitution），他在這種演說詞裏面所發表的意見，都是和自由主義的敎義完全不相容的。他這種演說詞的目的是表明憲法不是一種寫在紙上的學說或文書，但是一種時代中最大的政治上勢力的表現。凡君主，貴族，中等階級，和工人階級在普魯士政治界中都是一種勢力；但是勢力最大的是君主，因爲他有一種訓練精熟和緩急可恃的軍隊做他的政治上勢力的後盾。所以軍隊就是普魯士現今正在製造的憲法的基礎。政府既是建立於這種基礎之上，那麽，要想和他爭鬬，單靠口頭抗議和口頭調和是沒有效果的。

拉塞爾的第二次講演，題爲第二步是什麽？（What next?）他以爲抵抗政府唯一有效的方法，只有將政局的實在情形，據實宣布出來，於是一般議員相率退出議會。如果大家留而不去，他們便使政府得到一種掩飾他的行動爲合法的機會了。倘若他們都退出議會，政府自然會要屈服，因爲照現在普魯士和有文化的歐洲政治上的輿論看起來，沒有一種政府能夠違反民意。

拉塞爾因爲這種講演，大受非難，都說他將正義的要求附屬於武力的要求之下，他遂刊行一種小冊子名爲武力與正義（Might and Right），竭力替自己辯護。他說他對於時事應當是怎樣，他並沒有發表自己的意見；他不過將種種事實用一種歷史的方法表明出來，他不過將時局的眞像描寫出來罷了。他並且宣言在普魯士國中，除掉以前的眞正民主主義以外，沒有一個人配談正義。這種民主主義常以正義爲依歸，他從來沒有自貶聲價與強權調和。

現在正義既是在民主主義一邊，將來武力也要附屬於他，和他在一塊兒了。

拉塞爾這種宣言對於世事的推移並沒有發生一點影響，這是無容我們多說的。政府當局改編軍隊，所得的款項都是沒有經過議會許可的；一班自由黨員雖然提出抗議，也沒有什麼效力；等到一千八百六十六年普魯士大勝奧國的時候，畢士馬克的政策便得到一種有力的贊助了。

但是拉塞爾發佈這種宣言對於他自己一生事業上却是一種極重要的關鍵；因爲他原來是想和德國自由黨人攜手的，現在他因這種著作便不能得到他們的歡心了。他和自由黨員在先就沒有多大的感情。他們既爲黨綱所拘束，又缺乏作事的能才。反之，拉塞爾的投機的行動，他的反對習俗及成規的性質，和他的擁護一千八百四十八年極端的民主主義等事，都足以使他和當時的自由主義不能相容。一班自由黨人對於他不表示信任，而他自己也一意孤行，毫無顧忌。

至一千八百六十二年拉塞爾的講演復向一種新方面發展，他的演講題爲工人計畫；現代歷史和工界觀念的特別關係(The Working Men's Programme; On the special Connection of the Present Epoch of History with the idea of the working Class)。這種演說詞的大意是表明人類現在正到了歷史上一種新時代，而工人階級就是這種時代的創造者和代表者。這篇演說詞是應用科學的方法做的，文體非常流暢，眞是一種傑作。但是他這種著作仍不能使他自己免於普魯士警察的注意。他畢竟以煽動貧民反對富人的罪案被捕，雖然他曾經刊佈一種書，名爲科學與工人(Science and the workers)，可以作爲一種有力的辯護，然也沒有什麼效果，他仍然被裁判官判了四個月徒刑。但是他不服判決，提起上訴，及至第二次審問，各裁判官對於這種案件非常注意，後來遂將原判決案改爲罰金十五磅。

這種訟案却使拉塞爾的名聲大振，都以爲他對於社會上和政治上的問題，是一種思想新穎的代表者。有一派工人和他一樣，也是不滿意於當時德國的自由主義的。一千八百四十八年的舊民主主義現在正從一種無感覺和疲怠的狀態中復興起來了，至於這種狀態是由當時騷擾中種種失敗而起的。一般人民既染了這種時代的習俗和熱望，現在對於進步黨人毫無熱忱的黨綱，自然是不能滿意；因爲這一班黨人既不決定將普通選舉一事作爲他們政策的一部分，復又想利用一般工人去達他們自己的目的。這種不敢明目張膽自認爲民主主義的自由主義，只能算是政治發達中一種暫時的和不愜意的現象罷了。

這種不滿意的表示在示比錫畢究發洩出來了，此處有一羣工人極不滿意於進步黨人，但是他們不能決定他們的政策應當取一種什麼途徑，他們於是組織一個中央委員會預備召集一個工人會議。　他們和拉塞爾既同是不滿意於進步黨，所以他們使於一千八百六十三年去和拉氏接洽，希望他將提出一種確定的方針。　拉塞爾寫一封公開書信(An Open Letter)回答他們，信中含有一種政治的和社會經濟的計畫，而這種計畫包羅宏富，議論清晰，無以復加。拿氏在他所著的工人計畫一書中已經將一種新歷史時代的大要擬出來了，在這種時代中勞力的利益是居首要的地位的；他在這封公開書信中，復將指導工人在新時代中做事業的政治上，社會上，和經濟上的原則，都闡明出來了。　這種公開書信旋得一種佳名，都稱他爲德國社會主義的憲章(The Charter of German Socialism)。　這種書信在社會發達的新舞台上是歷史上的瑞一幕。　拉塞爾和德國自由主義完全決裂，也是以這種書信爲標點，這是可不言而喻的。

拉塞爾在他的公開書信中，將社會民主主義運動中各種指導的原則，說得非常清晰，非常決切：他說工人須有一種獨立的政治黨派——在這種黨派之中，所有政治上的計畫，應當完全附屬於增進工人境遇的社會的大目標之下；所有舒爾慈代爾池(Schulze-Delitzsch)舒爾慈代爾池於一千八百零八年出生於普魯士薩克遜的代爾池地方，他的姓後附以「代爾池」這個名詞，就是使他和德國好些別的姓舒爾慈的人有所區別。 他在德國依據自助的原則，提倡協作運動，這是他的一大功績。 他是進步黨中一個重要的黨員。

的種種計畫對於這種目標是不相宜的，又在現時情狀之中，因工資鐵律(The iron law of wages)的作用，便阻礙社會實際上的進步；所以國家須建設於普通選舉之上，才可以為人民眞正的代表，而這種國家須組織許多生產協社，使工人得完全享有他們所生產的物品。 萊比錫委員會對於拉塞爾所擬的政策，很願意採納，並且邀他親自前去說明。 他們聽了拉塞爾演說之後，投票表決，贊成他的政策者有一千三百票之多，反對者僅有七票。

拉塞爾在佛朗克佛(Frankfort-on-the-main)地方所得的結果，更加使他滿意。 在此處地方的工人和在德國別處地方的工人一樣，都是傾向於舒爾慈和進步黨的。 所以他想要在一羣心懷敵意的大衆之中，去和緩他們的心理，使大家傾聽，本是一樁極困難的事體。他第一次的演說，經過四點鐘之久，時常為大家喧嘩之聲所擾，不能進行順利。 但是他那種能言善辯的口才，和他那種富於興味的題目却引起大衆的同情，當他繼續講演的時候，喝采之聲便漸次增加了。 過了兩天，他又向他們作第二次的講演，後來會中投票表決，贊成他的主張者四百票，反對者只有四十票。這眞算是一種大勝利。他說，他是和拿破崙一樣，以敵人自己的軍隊去制服敵人。隨後一天，他在梅慈（Maing）地方演說，那裏七百個工人都一致贊成他的主張。

這種勝利似乎足以證明拉塞爾在他的政治運動中所取之决切的步驟是很對的——至一千八百六十三年五月二十三日全德工人聯合會（The universal german working men's association）在萊比錫也成立了。這種會的計畫是很簡單的，他所包含的只有一點——普通選舉。這種平等的和直接的普通選舉可以和普魯士不平等和間接的選舉制度對看；依普魯士選舉法，所有選舉人都以財產爲標準，分爲三等。起初由有選舉資格的人舉出許多選舉團，再由選舉團選出國會議員。「這種會以爲要想完全代表德國工人階級社會上的利益，和實行除去社會中階級戰爭，只有採用平等的和直接的普通選舉，才可以達到目的，所以他便以一種和平合法的手段，去貫徹他的主張，他從事於平等的和直接的普通選舉運動，狠得一般輿論的贊助」。

拉塞爾以前是一個孤立無援的人，他對於時事所發表的意見，是自己一個人負完全責任的。他現在却被舉爲這個新設立的聯合會的會長，任期五年，所以他現在便成爲一種新運動的領袖了。 他經了一番遲疑恐懼之後曾越過魯比孔河(The Rubicon)。

至一千八百六十三年的夏季，這種聯合會毫無一點成就。 會中的會員增加甚緩，而拉塞爾又依照向來的習慣，常在洗澡場地方調養他的身體。 至這一年秋季，他再從事於政治運動，將他在萊因河一帶的勢力又恢復起來了，因爲此處地方的工人都是很熱心贊助他的。但是他的運動最重要的關鍵是在一千八百六十三年的冬季和一千八百六十四年。 當這個時候，他那種努力奮鬥的情形，幾乎超出人力以上；他在三個月之內做一篇極長的論文，名爲巴士梯舒爾慈(Bastiat-Schulze)，（巴士梯是法國舊派政治經濟學中一個時髦人物。 拉塞爾責備舒爾慈僅剿襲巴士梯對於經濟學種種膚淺的見解，所以稱他爲巴士梯舒爾慈。）他用一種極精練的語法，在栢林和萊因的公庭中替自己辯護，他將全德工人聯合會的事務詳加整頓，他在喧擾和心懷敵意的大衆之前，作繼續不止的講演，而他這種講演的目的就是制服栢林。

拉塞爾的巴士梯舒爾慈一書是他最巨的經濟的著作，凡當時種種急躁和狂熱的特點，都包含在這部書裏面，因爲有了這種特別情形，才有這種書出現。 書中含有許多風味最壞的段落；他用一種粗鄙之詞去評論舒爾茲這是極不公道的。這部書是由許多空泛的和無益的爭辯之詞而成的，有時雜有他的經濟論旨的哲學議論在裏面，但這種議論也是很淺薄的，很紛亂的，並且是很誇張的。爭辯之詞通常是文字中最不愜人意的部分，而拉塞爾的爭論尤令人耳不願聞，因爲他那種爭論多半是些傲慢的和挑剔的口頭駁議。就這部書的全體講起來，比工人計畫和公開書信要差得多啦。

拉氏自從此次努力奮鬪之後，便於二月十四日訴起苦來了，這也是不足詫異的，他所筆述的苦痛如下：「我現在疲倦得要死了，我的身體本來是很强壯的，現在簡直是壞透了。我的腦子受了刺激太甚，我晚間不能夠安睡；我每晚輾轉牀褥之中，一直到五點鐘，起牀之後又頭痛不止，我眞精枯力竭了。我是因用功太過，吃苦太多，以致疲倦不堪；我於三個月之內，除了做別的事體外，便和發了癲一樣，不顧性命，做完一部巴士梯舒爾慈，我又遇了許多最大的和痛心的挫折之事，而一般工人多半是非常冷淡的，毫無感覺的，我因此便生了一種厭惡之心，耗費我的心血不少——凡此種種事情都是我所不能堪的」。

這個政治運動家現在是急須休養，他也決定照常寄住洗澡場地方從事休養。　但是他早已知道，萊因河一帶的工人都是信仰他的，都對於他具有一種極大的熱忱，所以他狠願意於隱居之前，將他那疲敝不堪的精神，在這種熱忱之中，洗刷一番。　於是他於一千八百六十四年五月八日向萊因地方出發，「冠冕堂皇，去檢閱他的軍隊」。　墨爾林(Mehring)告訴我們，說「拉氏於五月十四日在索林根(Solingen)演說，十五日在巴門(Barmen)演說，十六日在柯洛哥演說，十八日在維爾墨司克淸(Wermelskirchen)演說」。　他的行程好像一個王者出巡，或是一種戰勝的游行，而一般人民看見他便樂不可支了。　時常有好幾千工人歡迎他，采聲如雷；如山似海的羣衆都擠到他的面前和他握手，向他問候。

至五月二十二日全德工人聯合會在浪道夫(Ronsdorf)開第一週年慶祝會，一般工人的熱忱眞是達於極點了。　當拉塞爾行近此處地方的時候，所有男的女的，老的少的，都向前去接待他；這個市鎭並紮了許多慶祝的彩色牌坊，當他由此等場所經過之時，有許多作工的少女，將各種鮮花擲在他的身上，那種歡欣鼓舞的情狀，眞是非筆墨所能夠宣布出來的。　拉塞爾在萊因河一帶既受了這種歡迎，心中的印像非常之深，當時他便寫一封信給哈慈費爾德伯爵夫人，說「我覺得當創造新宗教的時候，一定有這樣的景况發生出來」。

拉塞爾在浪道夫的演說詞與這種時代及這種羣衆的熱忱和意氣正相脗合。 普魯士的君主近來對於細列細亞(Silesia)紡織工人代表所訴的種種苦楚，頗爲所動，他已經允許用自己的私財去幫助他們。 梅慈地方的僧正克特列(Von Ketteler)曾刊行一種短篇論文，他對於拉塞爾所下的當時經濟制度的批評，表示贊同。 拉塞爾對於這種意見的價値，看得很高，因爲他向來的態度就是這樣的。 他曾宣言，說，「我們已經使一般工人，普通人民，僧正，和君主，都證明我們的主義是正確的」。

現在我們要嘲笑萊因河一帶的工人歡迎拉塞爾那種狂熱，是很容易的，但是我們如果將此事暫時停止一刻，先去考查當時那種著名於世界歷史上的熱忱，當更加有益。 好幾世紀以來，德國工人從他們世代相傳的衰敗，痲木，和絕望的情境之中驚醒起來，這是第一次。 政局變遷，不知道有多少次了。 戰勝攻取的人往來於萊因河一帶，前後相繼，但是不論是誰勝誰敗，吃虧苦，受禍患的人總是工人。　工人是一個鐵砧，當時的鐵鎚都打在這種鐵砧上面，也無所顧恤，也沒有間斷。　工人的命運是作苦工，被刼奪，訓練成軍，往戰場去打仗，至於戰爭的原因，是和他們毫不相干的。　以前這種貧苦的人民失望到了極處的時候，也間或遇到一道合宜的光線，然不久又陷在極黑暗世界之中了；但是黑暗沉沉和陰風悽慘的天空現在却有了一點隱約可辨的微光，晨曦既現，淸天白日就快來了。　在歷史的過程中，人民受苦忍痛，已經很久了，現在他們申訴的時候也到了，他們抗議之聲在全世界上都將聽見，他們所組織的機關將引起政府當局和公衆的注意。

人民的主張如果得了一個有智慧的和頭腦淸爽的人做首領，加以指導，一定推行更廣，效力更大；但是他對於一般想利用他的人，就不依靠他們作指南針，這也是很好的。拉塞爾一生事業常雜有許多不愜人意的特點在中間。　他對於目前的效果，看得太重。　他太喜歡張皇太喜歡擺架子。　凡他所做的事體，有許多地方過於誇張，甚至於流行虛僞。　他繼續從事政治運動，而他的性質中這種特點便愈加顯著。　他對於工人的演說詞有許多地方使我們連帶想及拿破崙第一的告示。 他做事不是脚踏實地的。 有許多批評家論及他的政治運動的失敗，沒有充足的理由，都以爲他這種運動歷時很短，大約不到一年的樣子。 拉塞爾因自己所成就的在比較上極其有限，也大大地失望。 他所竭力擁護的主義是眞實的和公正的，時機到了，一定會生出一種好結果來，但是他沒有一點忍耐性，等候這種佳結果。 他後來遇了一樁意外之事，將他的可寶貴的生命輕輕送掉了，我們回想他一生事業，眞不忍說及此事；他所以遇着這樁事，都是由於他的品質不齊的性情中含有一種悲觀的元素之結果。

拉塞爾雖自以爲他是貧民的保護者，然他却是一個嗜慾極深的人，他很喜時髦，並且非常奢侈。 他的飲食在栢林京都中算是最上等的。 他爲人愛修飾，喜喝酒，而學問又很好，然他却變爲一般工人的煽動者和擁護者，這眞是他一生事業中最卓絕的特點。 他在栢林某個文學的時髦社會中，遇見一位董尼協士的(a Frauleion Von Donniges)少年女士，他對這位女士卽刻便生一種戀慕之心，而這位女士也和他心心相印。 拉塞爾於一千八百六十四年的夏季再和女士在利吉(Rigi)相會，他們兩人遂決定結婚。 女士年紀不過二十歲，他的性情狠索眞，他從不爲習俗所拘束。　他自己承認，說他對於德國神聖的道德，不甚重視。

但是女士的父親是一個巴維利亞外交家(a Bavarian diplomatiat)，駐在尼李洼(geneva)，當他聽見這件婚事，便怒不可遏，因爲他絕對不主張他的女兒和拉塞爾結婚。　於是女士就被囚在自己的房中，不久他便捨棄拉塞爾，另外鍾情於烏拉可維察伯爵(Count von Pacowitza)哇拉生(a wallachien)，這樁事顯然是受了一種壓迫的結果。　拉塞爾用盡方法要和女士結婚，現在聽了這種消息便大怒起來，和發了狂一樣，他遂向女士的父親及女士的未婚夫挑戰，而後者居然也應戰。　至一千八百六十四年八月二十八日的早晨，他們兩個人在尼李洼郊外卡羅蘭(Carouge)地方決鬬。　戰鬬的結果，拉塞爾受了重傷，他延至八月三十一日便死了。　拉塞爾這種結果雖然令人生一種輕視之心，然他的葬儀仍然是和一個以身殉道者的葬儀是一樣的，凡他的黨徒一直到現在對於他仍然是具有一種宗教的信仰之心。

德國自拉塞爾死後，過了三年，便採用普通選舉制度，如果他仍然存在，他在新德國中將如何發展，研究這種問題是狠有趣味的。　他一定不能夠潛伏不動，他因爲要做事，要有結果，雖和政府聯合攏來，也未可知，他必不爲許多幻想的疑慮所阻，便不去動手。 他的野心是極大的，他的精力是極强的。 當他戀愛董尼協士的少年女士，情慾極强的時候，他夢想做德意志共和國大總統，使女士跟隨他，時常在他的旁邊。 然在他將死之前，他的地位忽然遂於困難的境界，幾乎不能夠保持原狀；他已經被投於訴訟的羅網之中，而這種羅網卽刻便要將他擒住了。 他除了充軍或受長期的監禁之外，再沒有別的路道可走。

拉塞爾是一個天資極高的人，這是毫無疑義的。 凡讀他的著作的人都覺得自己是在一個偉大人物的面前。 我們從他的著作中和他一生事業中，看起來，便覺得有一種天才，哲學的思潮，口才，熱忱，實行做事的精力，和百折不撓的意志連貫一氣，隨時出現。 那些四處漂流的猶太種族的後裔，多半不爲歐洲舊社會的習俗所拘束，拉塞爾是屬於猶太族，所以他的心中也毫無一點社會上的成見；他爲人並且最富於冒險進取的精神。 在實際上他具有一種喜歡革命的性質，然他因研究德國哲學，眼見普魯士偉大的和著名於歷史上的使命，及他心中固有的卓識先見，遂將他這種性質磨練了一番。 我們知道馬克思也具有同一喜歡革命的性質，不過他那種性質和拉塞爾的性質相比較，還要更強固，更穩健，更有節制，他的思想的範圍狠廣大，他又繼續研究歐洲的經濟發達至四十年之久，所以他的性質便陶冶出來了。

就大體講起來，拉塞爾是一個無節制的和精力強壯的人。 他的頭腦不大清楚，他缺乏一種自制的能力，又沒有明哲保身的常識，一個人如果缺乏這種常識，他雖具有極好的天資，也於他自己和世界沒有益處，甚至於有害。 拉塞爾的志趣是不大純潔的；他不獨具有一種喜歡革命的性質，並且還具有一種徘徊的性質；他缺乏一種自重的觀念；還有一層，他對於他所擁護之神聖的主義，沒有十分尊重之心，凡信奉這種主義的人本應當具有一種最高尚的原動力，最純潔的志趣，和最大的熱忱，才能夠名副其實。 他做社會民主黨的首領，既挾一種虛榮心，復無自制的能力，又對於他的職務沒有誠意，所以他卒至於失敗。 他因爲一種婚姻私約，便將性命送掉了，如果他稍有一種是非的常識，他一定不至於遭這樣的慘禍。 然他因具有一種特長，所以他就成爲一種大運動的開創者。 他既是德國社會民主黨的開創者，所以他在歷史上便占了一個位置。他遇事能獨出心裁，他的精力非常强健，又富於同情，有了這幾種特點，一個人才配做一種新主義的提倡者和保護者。

我們還可以更進一步，承認當時德意志國裏，具有眞知卓識，能夠將當時種種事實和趨勢看得透徹的人，只有兩位——畢士馬克和拉塞爾。畢士馬克代表一種歷史上的主張，這是已經有了基礎，卽刻可以下手去做的，就是以普魯士的軍隊去完成德意志的統一。拉塞爾所抱的主義進行的途徑，和上面那椿事相比較，便大不相同。這種主義的提倡者是拉塞爾而這種主義的扶助者和代表者，是一般工人，然他們對於這種主義的目的是怎樣的或用什麼方法去達到這種目的，都沒有十分懂得淸楚。這種主義尚未成形，尚無頭緒，因爲他正在萌芽的時代。

（二）拉塞爾的學說

拉塞爾對於社會主義的論旨大概和拉伯爾塔斯及馬克思對於社會主義的論旨是相同的。拉氏得力於兩人之處很多，但是我們不能說他是他們兩個人的弟子。他自己是一個獨出心裁和思考力偉大的思想家，他對於著名於歷史上的社會主義，自抒己見，自倡一說。

拉塞爾在他所著的巴士梯舒爾慈的序言中將他的普通論旨的總綱表明出來了，他從他的既得權制度一書裏面，引出來一段，說明如下：在社會事業中發生下面一個問題，當一個人直接利用別人所求得的財產權不復存在了，他間接利用別人所求得的財產權是否應當繼續下去——這就是說我們工作勢力的自由實現和自由發達，是否就是排斥資本主的私產，並且備主除了得到他的勞心的報酬以外，是否應當准他享有別人工作的產物。　他想著一部書名為科學的國家經濟概論(Outlines of a Scientific National Economy)，他說這部書的綱領就包括在上面一句句子裏面。　社會主義根本上的論旨也包括在這句句子裏面，這是無須我們多說的。　當萊比錫中央委員會將這個問題用一種切實的方法提交他的時候，他擬實行的計畫，將他所要著的書趕緊著成。　但是因時局發生騷擾，他便沒有閒功夫去從事著作。　他時常追悔以為學說的闡明沒有在實行騷動之前，所以這種騷動沒有得到一種科學上的基礎。

巴士梯舒爾慈自身是一種爭辯的著作，這是應時世要求而做成的。　拉塞爾對於他的社會主義的學說，從來沒有加以充分的和有統系的解釋。　所有他的社會經濟學的著作，都是因他的政治運動需要急迫的時候才刊行出來的。　但是他自己曾說，這些著作雖沒有什麼統系，然書中爭辯之處，都是生氣勃勃，銳利無比的，這種長處也可以補其所短。　現在我們對於他的著作，可以添說幾句；他這幾部書缺乏一種統系，從科學方面看起來，也未嘗不是一得之處，因為他一生所講的社會主義是和事實相對照的，所以他就免了一切絕對論，抽象論，和遠於事實的弊端，這種弊端在馬克思和拉伯爾塔斯的著作中是常有的，所以他們的著作也因此大為減色。　德國一般理論家特別注重統系，他的結果或至與歷史的實情不相符合，和法國社會主義家的烏托邦計畫一樣。　然拉塞爾對於敘述實際上或理論上的問題，所取的態度，常是前後不一致的，他對於普魯士國家的態度，尤不一致，他的著作缺乏統系，也是一種自然的結果。

拉塞爾三種最重要的著作是工人計畫，公開書信，和巴士梯舒爾慈，我們如果要將他對於世事的種種見解大體標明出來，只須從他這三種書中按步就班找出來就成了。

工人計畫的主旨，是講工界在世界歷史上是一種新時代的創造者和代表者。　拉塞爾所著的既得權制度是以歷史的方法應用於法律的觀念上和制度上，這是我們已經知道的。　我們在他的社會經濟學的著作中，也看見他以同一的方法，應用於經濟的事實上和制度上。工人計畫一書是應用歷史方法的一個好例，他將歐洲經濟的發展，淸淸楚楚評論一番，末了以工人的國家爲極點，就是以充分發達的民主主義爲極點。

在中世紀的時候，一般地主爲他們自已的利益起見，將政治，軍隊，法律，和賦稅諸項盡行壟斷，而一般勞力者都狠受壓蹙迫，被輕。　現時資本階級的制度是幾世紀以來漸次發達而成的，他是各種互相起伏的勢力之產物：就是航海羅盤針及火藥的發明；美洲及印度（India）航路的發見；封建系統的推翻及中央政府的建設，而這種政府組織一定的裁判機關，保護財產的安全，並且增進交通的便利。　有了上面各種變遷之後，又繼之以機器的發達，如阿克來德的紡紗機器就是一個例，機器發達是工業革命和經濟革命的聯合體，而因這種革命又自然產生一種政治上的變遷。　凡新發明的機器，大規模的工業，分工的制度，廉價的貨物，和世界的市場——通通這些東西都是一種全體組織的各部分。 巨額的生產便使物價低落；物價低落便使銷路增加；而銷路增加便使生產愈加擴充。

一般資本家是工業界的領袖，後來便漸次變爲政治界的領袖了；法國大革命不過是一種重大事實的開端，這種事實在歐洲最開化的地方已經組織強固了。 當時這種革命的領袖自稱是爲人道而起革命，所以大家對于這種革命都具有一種極大的熱忱。 但是不久大家就知道這種新領袖是爲中等階級的利益而起革命；所以貧民階級，就是一般無產業的工人，便以爲這種革命是和他們的利益相反的。 這種中等階級利用法律上和政治上的權力，去謀他們自己的私利，他們的行動和以前的貴族是一樣的。 他們的財富爲政治上和社會上權利的標準及基礎；他們創造一種限制選舉制度；他們對於報紙用種種警戒法並且徵收種種稅金，使言論不能自由；他們又以賦稅的負擔加在工人的身上。

我們已經知道中等階級的發達是漸次進行的，他是許多複雜勢力的一種複雜的結果。

工人計畫的特別要旨，是任工界歷史上的職務，然拉塞爾對於促進工界的發達，使他們成爲一種新時代的代表者那些原因，說得狠少，這眞是他的敍述中一種最大的缺點。　工界中人在他的書裏面忽然表現出來做一種偉大事業的擁護者，這種步驟，未免太促。

拉塞爾說一千八百四十八年二月二十四日是一種新歷史時代的曙光第一次出現之日。法國當那一天發生一種革命，而這種革命引了一個工人加入臨時政府，宣言國家的目的是增進工界的命運；佈告採用直接的普通選舉，凡國民到了二十一歲，不論有無財產，在政治的活動中都有同一的權利，都可參預，　所以工人階級就是新社會的創造者和管理者。　但是工人階級管理社會事業和別種階級大不相同，他們不許有特權制度的存在。

我們對於人類社會如果想做一種有用的人，那麼，我們便都是工人。　所以工人階級和人類全體是相等的。　工人階級的主張在交際上就是人類全體的主張，他們的自由，就是人類自身的自由，他們管理社會事業就是大家管理社會事業。

直接的普通選舉是實現這椿事體正式的方法，這種選舉並不是一根什麼魔術的棍子，但他至少也可以矯正他自已的過失。　他是一枝長槍，能夠將他自己所弄的傷痕醫好。　在普通選舉之下的立法機關是人民眞正的照鏡，所有他們的種種缺陷和進步都反映出來了，他對於他們的進步，助力之處也是狠多的。

所以一般人民應當以直接的普通選舉當做他們政治上不可少的武器，和他們根本的及最重要的要求。我們不要害怕，以爲人民將濫用他們的權力；因爲那些享有特權的階級的地位和利益與人類的進步既不相容，一般人民一定知道，要增進他們自己的福利便當從增進他們同階級中全體的利益入手。就是他們對於增進自己的福利所具的極平常的知識，也一定使他們領會一個人要想增進自己的地位，如果獨立去做，他所成就的必定是非常之少的。他們要想得到勝利，只有大家聯合攏來。所以他們個人的利益不獨與歷史的趨向不相違背，並且是和人民全體的發達相符合的，和自由，文化，及我們現時最高尙的理想相調和的。

拉塞爾這種巧妙的議論以申訴於工人階級作結束，我們覺得這個大政治運家的口才達於盡善盡美的境界。他自從指明工人階級當稱爲一種新歷史時代的創造者和代表者以後，旋又更進一層，說：「從我們曾經討論過的事體中，還有一種新事業的義務跟着出現，凡屬於工界的人，都應當負擔這種義務。」」。

「工人階級最有價值之道德上的印象，莫過於自己有一種覺悟，知道他們這種階級是一種最重要的階級，這階種級的職務是將他們的主義變成一個時代全體人類的主義，使他們的觀念成爲社會全體主要的觀念，然後依他們的模形，將社會改造一番。這種任務有世界歷史上的榮光，你們的心思應當全注于此。凡被壓迫者的種種惡行，無思想者的游惰之習慣，和微賤者的輕躁之態度，現在不復適宜于你們了。你們是一種磐石，將來的教堂，應當建在這種磐石上面」。

拉塞爾遇着一樁不幸的爭鬥，便將他的生命斷送了，當那個時候他不知道一個工界領袖的心中應當自認他的職業是很高尙的，這是一樁可惜的事。

拉塞爾的學說還有一種顯著的特點，就是他的國家論（Theory of the State），這是和他解釋工人階級的任務有密切關係的。他對於國家的學說，和自由派（The Liberal School）的論調是完全不同的。自由派爲以國家的職務不過是保護人民身體自由和私人的財產能了。拉塞爾嘲笑這種議論是一個守夜者的觀念，因爲守夜者唯一的職務是防止盜賊和刼奪等事，而這種議論就是在一個守夜者模型之下，形成一種國家。

拉塞爾反對這種狹義的國家觀念，他將博克(August Boeckh)的意見引證如下：「我們對於國家的觀念應當擴大一點，我們應當相信國家是一種機關，凡人類所有種種德性，在這種機關裏面都應當實現出來」。

拉塞爾說，歷史對於天然界是一種繼續不斷的爭鬬；人類向來便陷於困苦，愚魯，貧窮，衰弱，和壓迫之中，歷史對於這些缺陷也是一種繼續不斷的爭鬬。歷史所詳細描寫出來的事件，是制服這種缺陷的種種勝利，就是描寫人類的自由日漸發達。

凡私人在這種爭鬬之中如果沒有幫助，他必無進步可言。國家的職務是在完成人類向自由途徑中的發達。國家的責任是在使個人得受一種極高的文化，得充分發達他的能才，得享受自由的幸福；凡此諸事絕對非個人的力量所能夠做得到的。國家的目的是在使人性能夠積極的繼續發達——換一句來說，就是使人生唯一的目的得實現出來：這種目的就是人類向自由途徑中的教育和發展。

國家應當是一種完成個人的工具。無論在什麼地方，無論在什麼時候，凡個人不能夠使他所必需的幸福，自由，和文化實現出來，國家便當幫助他。拉塞爾後來又大聲疾呼，道，國家是文化中一種原始的和純潔的光體，大家須快將他從近世的野蠻人中援救出來。

拉塞爾對於此等政治上的概念，非常相信。他的國家理想比較以前流行的滿切司特派的學說（Manchester theory）自然是更高尚，更合理。當我們由一種理論進而至於實行的時候，所有成敗利鈍全靠我們所遇的是那一種國家，並且全靠國家在一種什麼情境之中現身出來。

凡國家由各種機關的作用，對於個人的努力，須加以扶助，使他這種行為得充分發達，所有成就，現今許多思想家對於這種論旨一定是承認的。現在的國家不過是一種狠大的徵稅和戰爭的機關，這也是許多人所承認的，並且是為他們所深惜的。這種議論所引起的問題，範圍很廣，我們也不暇一一去研究。我們現在所要說的只有一樁事，就是拉塞爾所想像的國家幫助個人之事，不僅是使個人得完全自由，並且還要去幫助他，使他得充分發展自己的能力。

「工資鐵律」以可說是拉塞爾社會經濟學論旨的祕鑰。這種鐵律在拉塞爾的思想系統中占重要位置，和贏餘價值論在馬克思的思想系統中占重要位置是一樣的。這兩種東西不過是一樁事體中相異的方面罷了。拉塞爾專講工人依勞力所得的產物，分量極少；而馬克思則追究分配的歷史，稱資本家所得的產物為贏餘價值。

拉塞爾在他後來的著作中時常說及工資鐵律，然他在他的公開書信中（第十三頁），說得最精密，他說，「經濟界的鐵律，在現今情狀之中，依照勞力供給和需要的法則，決定工資，大略如下：凡均平的工資數目常遂於足以購買生活必需品而止，而這種必需品按照通常的生活程度，是維推生命和繁殖子孫所不可少的。這種均平的工資是一個定點，雖實際上的工資，和他相比，時常是起落不定的，然無論他是起是落他總不能夠持久。實際上的工貲必不能永久高於平均的工貲，因爲一般工人因得錢容易，生計充裕，婚娶之事必多，婚娶既多，生育必衆，於是作工的人數便增加了，勞力的供給也增加了，此的結事果就將原來高起的工貲降至於平均的工貲甚至於比平均的工資還要低落。 反之，實際上的工資也不能永久低於平均的工資，因爲一般工人因工資太低，不能維持生活，必至於遷徙他方，或禁絕婚娶，於是作工的人數便減少了，勞力的供給也減少了，此事的結果就將低落的工資恢復原狀」。

拉塞爾對於這種工資鐵律的效力詳細考究一番之後，他又繼續宣言如後：——

「各種物品是工人所生產的，而他們所分得的分量，只夠維持他們的生活」。

「所有生產贏餘之數都落於資本家之手。 一般工人不能得到生產增加的種種利益，這都是由於那種工資鐵律的結果」。

拉塞爾工資鐵律的學說大概是如上幾段所說的。 李嘉圖（Ricardo）和英，法，德三國中一般正宗派的經濟學者以前便倡此說。拉塞爾關於工資鐵律的學說是由他們的議論中形成出來的。我們相信他所說的在實質上是正當的，精確的；我們並且相信他這種學說將當時的經濟學清清楚楚反映出來了，在當時經濟狀況之中，他種這說學可以說是一種有力的法律。

拉塞爾以為通常的生活程度和法律的作用大概是常起變化的。我們還可以說，工資鐵律和資本一樣，都是一種歷史上的情狀，拉塞爾關於此點沒有十分考究。他沒有細心研究事實，他也不能夠這樣去研究，因為這種鐵律是一種資本專制的結果。但是他的解釋方法太偏於爭論的方面，他用這種解釋當做一種反證論（argumentum ad hominem）去反對在德國的敵黨，而在爭論之中真理通常是埋沒了。在現行的自由競爭制度之下，工業界已經發生了許多變化，而這種變化足以使拉塞爾工資鐵律的學說發生動搖，不復可據為準則。即使現行的制度繼續推行下去，這種鐵律因為工人中教育及組織的發達，和社會上道德及文化的進步，也將經一次大改變。改變工資鐵律這種問題不過是一個程度問題，而一般批評塞拉爾的人或至於互相爭辯，說拉氏對於此事沒有十分認得清楚。

從相對的方面看起來，我們可以說工人的教育和組織既逐漸進步，那種資本主義和因他而起的種種制度就將逐漸衰替。所有那些工聯，協作社會，和工廠條例，都是社會管轄經濟事業的表現，都是和自由競爭的經濟學說不相容的。他們愈加得勢，資本主義便將愈趨於滅亡之境。從這種遠大的地方看起來，我們可以說以前的種種變遷都以爲是有損於拉塞爾的論旨，在實際上不過是資本主義衰替的徵候罷了。工資鐵律是拉氏所考慮的歷史情狀中一種不可逃避的結果。然這種情狀現在已經變遷了，而這種變遷就是資本主義將近滅亡的明證。於是我們又遇着資本主義是否消滅這個大問題，現在如果去討論這種問題，時機未免過早。

然無論如何，拉塞爾的論旨是非常清晰的。他承認當時正宗派的政治經濟學，並且指明因這種經濟原則中不可免的作用，便使工人階級陷於絕望的地步；除了將使這種原則發生效力的種種情形消滅以外，便沒有別的方法可以補救他們的缺陷——換一句來說，除了將現時勢力的資本的種種關係消滅以外，便沒有別的方法可以補救他們的缺陷。拉塞爾政治運動的大目的是在實現一種除惡務盡的根本計畫。　要補救和工資鐵律相關連的事件所生的惡現象，當組織許多生產協會，將工人和資本家的職務聯合攏來，然後工人得享有他們依勞力所產之物品的全部。　既是這樣，勞動家和資本家的界限便完全消滅了。　工人是生產者，而他所得的報酬就是生產物的全部。

拉塞爾又繼續討論舒爾慈代爾池所創設的聯合會，他以為這種會在實質上不能夠改良工界的境遇。　此等信用供給和原料供給的聯合會，不過是有益於一班小手藝工人，而對於在工廠中作工的人就沒有什麼好處。　但是手藝是一種舊式的工業，他在機器精良和資本充足的大規模工業之前，一定是要屈服的。　如果以資財供給一班手藝工人，使他們得繼續維持他們舊式的職業，這不過是延長一種必敗的事業的痛苦罷了。

那種消費公社在英國名為協作店，也是一樣地沒有效果，因為工人所極端需要的地方，那種消費公社卻不能和生產者一樣，去幫助他們。　無論什麼人在賣者之前和在警察之前一樣，都是平等的，賣者第一樁關心的事就是他的顧客具有購買的力量。　我們於討論工資鐵律中知道工人當得到一種幫助成爲生產主人——這就是指他得到他的生產物的分量較以前應當更多。　消費公社的確可以爲一部分的和一時的救濟。　這種公社的工人人數既極有限度，所以他能夠以廉價的生活上必需品去幫助他們，　而又沒有使通常的工資減低。　但是這樣的消費公社如果將所有工人階級都招致其中，供給他們以廉價的生活上必需品，那麽，那種工資鐵律又將發生效力了。　因爲平均的工資就是生活上的必需品，不過是以貨幣代表出來罷了。　平均的工資，因生活上必需品的廉價，也將同時下落，於是一般工人因組織和管理消費公社所耗費的勞力，都歸於烏有了。　這種公社適足以使工人生活於一種小工資之下。

增進工人階級的地位唯一有效的方法，只有由工界自已組織自由的私人社會，將這種社會應用於大工業上，並且漸次擴充起來。

但是當一般工人一方面想起建築鐵路和開設工廠需款極巨，而在他方面又自顧窮空無物的時候，他們自然要問他們從何處得到舉辦這種大工業的款項？　只有國家就能夠供給這種款項，並且國家也應當供給這種款項，因爲提倡文化和促進文化的大運動是國家的義務。

拉塞爾的計畫是創設一種生產協會，而依國家爲擔保。

國家有許多地方已經保證了各種工業上的大營業，使一般財富階級獲取利益——運河，郵務，銀行，農業改良，和鐵路，國家對於最後這一樁事業盡力之處尤多。社會主義或共產主義對於國家幫助這種事業沒有表示反對麼？那麼，他對於近世文化的大問題——改進工人階級的命運——爲什麼便會表示反對呢？據拉塞爾計算在普魯士國中，出借金額只須有一千萬達列（一千五百萬金鎊）便足以推行這種生產協會的原則。

創設生產協會的金錢不必要政府實行支付出來；只須國家保證這種借款就成了。國家應當監視這種協會自行制定適當的規則，自行遵守。國家自身對於生產協會應當保存一個債權者的權限，或一個不治事之股東的權限。國家且應當注意於會中資本的用途是否適當。但是國家管理權限不當超過於合理的限度之外：生產協會應當自由；他的行動應當適合於工人的自由意志。還有一層，維持和管理這種生產協會的國家，應當是一種民主主義的國家，應當是由普通選舉而成立的，並且應當為工人的機關，因為工人在團體中都占最多數。

但是我們如果以為創造生產協會這樁事體完全沒有成熟，如果以為他所需的金錢須實行支付出來，卽令是這樣，他又有什麼弊病呢？　國家因為安撫一般皇室權貴之婦受懲創的虛榮心，因為滿足一般貴族戰勝攻取的慾望，因為替中等階級開闢商場，將千萬萬金錢消耗於於戰爭之中；而拯救人類所需的資本就籌不出來嗎！

拉塞爾又復行聲明，他不是以他的生產協會的計畫便算為社會問題的解決。　解決社會問題不是一時所能夠辦得到的，須經過好幾世，才可以成功。　他以為他的計畫是一種最容易而又最溫和的過渡方法。（參看巴士梯舒爾慈一百八十九頁。）　這不過是一種發達無窮的有機體的胚胎罷了。這種生產協會的發達所取的途徑是怎樣的，關於此點，拉塞爾雖沒有詳細規定，然他也大概指明出來了。　凡人口衆多的地方如果工業的性質和工人的志願都與這種生產協會相合，容易創辦，那麼，這種機關便當實行組織起來。　凡各種互相倚賴和經過手續甚多的工業，當用一種信用聯合會聯合攏來；並且還應當有一種保險聯合會包括一切不同的工業社會在裏面，使這些社會的損失降至於極小的限度。　凡投機的工業時常有許多危險，使經濟界發生紛亂，能夠像上面那樣的組織，這些危險將大大地減少了；又自由競爭所生的種種弊端，將以一種組織完備的工業去剷除他；而生產過剩一事也將成爲預行生產了。　這種生產協會依照這樣的方法，繼續增加，一直到他將全國的工業都包含在內才止。　凡採用這種原則的國家，在國際競爭中，一定要得到極大的利益，因爲這種原則是很合理的，常有統系的，並且和別的原則相比較，無論在那一方面，他一定是更加有効力，更加經濟一點。

拉塞爾所籌畫的生產協會全體發達的目標，是一種集產主義，和馬克思及拉伯爾塔斯你擬的集產主義是相同的。　他說，「分工制度在實際上就是共同工作，就是社會聯合起來從事生產」。　這是生產眞正的性質，是大家應當明白了解的。　所以在全部生產之中，只須將屬於私人部分的資本取消，用社會上公共的資本去從事於社會上共同的工作，然後按照各人勞力的程度將生產物品分給各人。（見巴士梯舒爾慈一百八十八頁。）

拉塞爾在他攻擊舒爾慈代爾池那種爭論的著作中，因爲反對一般敵黨所持的個人主義的學說，已經將他的普通論旨詳細聲明出來了。 他力爭從來的進步不是由個人促成的；但是由公衆促成的。 他因此便將社會發達的歷史，概括地說明了。

自上古時代經過中古時代一直到一千七百八十九年的法國大革命都以爲要使人類互相團結攏來，只有使大多數人受羈絆，處於服從的地位。

至一千七百八十九年法國革命及受這種革命所支配的歷史時期，痛恨這種絕對的服從，遂以爲要使人類自由只有拆散人類團結。 此事的結果人類沒有得到眞正的自由，不過流於放縱一途罷了。 因爲單講自由而不求團結便是放縱。（見巴士梯舒爾慈章十八頁。）

現在這種新時代是於自由之中求團結之道。 拉塞爾又於他的共防論（The-ory of conjunctures）中證明個人在經濟界上不獨對於自己所做的事體當負責任，在實際上他對於自已所沒有做的事體也當負責任。 個人經濟的榮枯是由種種環境而決定的，而這種環境是他所不能夠左右的，即或他能夠左右，也極其有限。 拉塞爾所說的共防究竟是什麼意思呢？我們要懂得他所指的意思最好將他那個時候所起的經濟界上的一大危機引起來做一種解釋。 共防的例證除了在英國近時農業史上找出來外，沒有更好的例。 英國農業至一千八百七十六年仍然是一種很重要的實業，但是他漸次為美洲的農業競爭所壓倒了。 因為有了這種競爭，農產物便逐漸低落下來，國中遂發生一種大危機，又連遇年荒，如一千八百七十九年的饑荒就是一個例，這種危機便愈加利害了。 一般農民因為要用資本去付地租，有許多人遂至於傾家蕩產。 應用於土地上的資本既經減少，於是工作的機會也大大地減少了。 所有地租也不能照舊列支付出來。 所有和英國農業有直接關係的三種階級都大受痛苦，然沒有一個私人對於此事應擔負特別的任責。 這種危機在愛爾蘭本來也是很大的，又因一種國家觀念，將他愈加擴大了，而經濟上的危機便變成一種政治上的危機了。 從一個無偏無黨之人的眼中看起來，在這好幾百萬受痛苦的人中那一個對於此事便應當擔負責任呢？

這種延蔓很廣的災禍，在近世經濟史中是時常出現的。 他是實業自由競爭制度中一種不能免的結果。　有許多偏執的和爲師說所蒙蔽的經濟學家，以爲在這種危機之中，個人對於他自己的命運須負全責，拉塞爾對於這一班人非常憤怒。　一般政治家對於自己的職責茫無所知，當這種危急之際，聽人民流離失所，毫不援助。　然社會主義竭力設法去組織一種由社會管轄的共防機關，對於一般受災禍的人予以一種社會的幫助，使災禍的效力減輕，這椿事眞是社會主義中一種很可稱贊的特點。

巴士梯舒爾慈一書中主要的任務，就是拉塞爾關於資本和勞力的記載。

拉塞爾以爲資本是一種歷史上的情狀，是歷史狀況中一種產物，我們可以追究他的起源，並且可以於情勢變遷之中預先知道他的消滅。

換一句話來說，資本就是經濟，社會，和法律狀況全體的名詞，而這種狀況是一種久遠的和漸進的歷史發達的結果。　巴士梯舒爾慈一書就是闡明這種狀況的。　以下所列的是敘述這種狀況的大略：——

（一）分工制度和大規模的工業的關係。

(二)因交易於世界市場而起的生產制度。

(三)自由競爭。

(四)工作的工具爲一種特別階級的財產，他們雇用。

(五)一種自由的勞力者，依照工資鐵律給了工錢之後，便將贏餘的價值據爲己有。

財產不是依一個人自己的勞力得來的，是利用別人的勞力得來的。　財產是非分的東西。(見巴士梯舒爾慈一百八十六頁。)

資本因此便變成一種獨立的活動的，和自己生產的勢力，他並且壓制他的生產者。　金錢自己的力量可以再求得金錢。　過去的勞力經一次利用變成資本之後，便來壓迫現在的勞力。「死的東西制服活的東西」。　「工作的工具已經成爲獨立的東西，已經和工人的地位互相掉換了，他使活的工人變成死的工具，而他自己本來是死的工具，却發達成爲一種生產的活機關——這就是資本」。　拿沙耳用這種鋪張的比喻之詞將資本的歷史撮要說明了。工資鐵律是這種歷史的一方面這是拉塞爾所極端注重的，關於這一方面我們已經說過了。

全部資本史在馬克思的資本論(Kapital)中說得更加詳細；所以我們現在無須再說下去。

然在拉塞爾和馬克思所屬的社會主義派中，「資本」一語作如何解釋，此處却不妨略說幾句。　他們不是用這個名詞當做純粹經濟上的意義的，如像說資本是一種財富，用起來再行生產的；他們用這個名詞當做社會和經濟制度的名詞，而在這種制度之中，一般資本家便是一種主要的勢力。　他們以爲資本是作用於現行法律狀況和社會狀況之中的經濟要素，所有這些狀況都附着在他的上面。　然將資本這個名詞仍限於適當的經濟上的用法，而另外以資本主義這個新名詞用起來當作現行制度一個切當的名詞，便更加好了。

在各種社會制度之下，和在各種歷史時代之中，資本的職務在根本上是相同的；他不過是一種財富，用起來生產更大的財富罷了。　但是當應用資本之時，所有歷史上，法律上，和政治上的情狀都各不相同，所以附加於他的術語也是各不相同的。

有一般反對社會主義的人，以爲社會主義的目的是在取消資本，他們這樣毫無意識，這樣糊說，眞是不可原諒。　一般社會主義家不獨不取消資本，並且爲社會的福利起見，要將資本置諸社會管理之下，使他於生產方面更有力量。 他們所要取消的東西是現行制度，因爲在這種制度之下，資本都落在一種階級的手中。 倘若這現行制度是叫做資本主義，那麽，他的意義必淸楚得多啦。

我們對於拉塞爾的國家論，和工資鐵律已經評論過了。 現在我們再要評論他的社會經濟的論旨，最好將他反對德國自由主義經濟上的代表舒爾慈代爾池的辯論引證出來。

大概說起來，舒爾慈代爾池的個人主義 (Individualism) 是偏於一方的，而拉塞爾用起和他相對峙之社會主義的學說也是偏於一方的，並且是過於誇大的。 拉氏對於和個人勢力相比較之公衆勢力的意見是他的偏執一個最顯著的例證。 凡精確的社會哲學對於個人勢力和公衆勢力這兩種要素必予以適度的注意；因爲兩者都是極重要的，而無論那一種要素都可以爲研究和討論的發軔點。

拉塞爾的共防論多半是言過其實的。 他中間有許多地方是根據狠好的；在那些摇蕩文明世界的大經濟風潮中，個人的命運大半是由種種循境而決定的，而這種循境是他自己所不能夠左右的。　但是勤勉，熱忱，溫和，和謹愼，雖是幾種狠平常的德行，然在實質上却能夠決定一個人的前途，此事歷來是這樣的，到現在還是這樣的。

然我們現在的目的是要將拉塞爾對於舒爾慈實在的提議所持的反對論調，加以考慮。拉氏力爭信用供給和原料供給的聯合會只有利於一般手藝工人，而手藝工作在大規模的工業之前，一定是會消滅的。　但是我們現在却要問爲什麼這樣的互助方法，不應用於工人團體中，而僅應用於離羣孤立的工人之中呢？　這些聯合會對於一般工人本只可以說只有一部分的救助，但是爲什麼這種聯合會的原則在工人中就在那裏停止不進了呢？

自由協作制度有許多地方一定是會實行的；他和各種信用供給及原料供給的聯合會並行起來，這是最自然的，也是最合理的；他是向毫無抵抗的發達途徑進行的，這是最自然的，也是最合理的。　在這種聯合會之中，一般工人求得資本，和經驗，以爲將來進步的資料。這種制度的發展眞是不可限量的。　這種聯合會不過是社會管轄經濟的初步；他的終點我們在社會主義中可以看得見。　拉塞爾在言詞爭辯之中如果相信科學的道理，他一定知道；無論是對於他的敵手或是對於他自己，都應當說各種社會的組織都是能夠發達的。

至於舒爾慈的各種方法。可以說不是解決社會問題一種已經成熟的計畫，但是一種初步的計劃罷了。　我們對於舒爾慈的聯合會和對於拉塞爾的生產協會都應一樣地看待，我們可以說他們這些會都含有一種發達無窮的組織的原則。　一般工人依照這種方法用他們連合的資本，可以達到完全管理他們自己工業上種種利益的地步。　因此他們便可以得到他們工作產物的全部；拉塞爾從前以爲因聯合會供給廉價生活必需品的影響，人口必然增加，終至無效，所以力持反對說，現在照這種情形看起來，他的反對論不切合于舒爾慈的計畫，和不切合于他自己的計畫是一樣的。　我們揣想在這兩種會中所有生活上的必需品必更加豐富，必更加容易得到；在這兩種會中或者都有人口增加太快的危險。　然我們可以猜想這種人口的增加，一定還有一種更大的生產物的增加和他並進，而這種生產物將都歸工人享有。　但是舒爾慈的計劃有一椿大好處，就是一般工人既已經依自己的努力求得資本和經驗，他們必都有一種解決人口問題和別種問題所必需的優越之訓練，而這種訓練確非經過長期的社會之磨折，是不能得到的。

拉塞爾如果能夠記憶他自己的說話，他一定也好了，他會說，在他們兩個人之中，實在不同之點，就是一個人相信國家的幫助，一個人相信「自助」。 我們現在却要再問，這兩種東西是全然不相容的麼？

在實際上，這種爭辯要純粹論他自己的價值是很有限的。 但是他却發生了許多很好的結果，因爲他引導德國人注意于這一類的問題，並且引導他們對於這一類的問題加以切實的討論。

這種爭辯的價值究竟是如何的，當他經過之後，不久歷史上便有一種評論，而這種評論比較別的批評要更勝一着。 他們兩個人中一個主張國家的幫助，一個主張自助，互相爭辯，非常激烈，後來經過二十一年，到一千八百八十五年，舒爾慈在德國組織許多社會，他們自己的資本共有一千萬達列。 我們應當記得這種資本額就是拉塞爾要實行組織他的生產協會，向國家所要求的數目。 拉塞爾說如果一般工人的生產協會中遭了失敗，這就不是因爲資本缺乏的緣故。所以依國家爲擔保的生產協會也不是荒野中一條唯一的道路。

我們現在還須更進一步說拉塞爾的國家帮助的方法不是一種正當的方法麼？拉氏的計畫沒有成功，是因德國政府雖建設於普通選舉的原則之上，然對於他所要求的國家擔保一層沒有允許；還有一層，他這種運動所以失敗；一則由於他自己死得太早，二則由於他死之後，德國社會主義不管時機成熟與否，即趨向於國際的方面，甚至趨向於反對國家的方面，所以他便不能引起德皇及他的大臣的同情。即令德國社會民主黨人的態度十分恭順，十分溫和，德國政府也必不肯承認國家擔保一層，這椿事我們也不用多說。一般社會民主黨人對於拉塞爾所擬的一千八百七十五年哥達黨綱，雖予以容納，然他們對於此事現在似乎毫不注重。這種黨綱在他們一千八百九十一年所採用的爾佛得黨綱 (The Eafurt programme) 中便不見了。總之拉塞爾的政治運動倘在進行之中便失敗了。然同時如果說他的計畫不合於實用，這便是絕對不正確的，因爲沒有一種政府正式試行過他的計畫。

拉塞爾和許多開創者一樣，他對於他所要做的事業沒有做成，但是他却獲得許多很大的結果。[illegible]石樂(Schiller) 說世界的歷史就是世界上一種裁判，我們對於他這種格言却不十分贊成。 我們並毫不相信所有成功的事業就是好的，所有失敗的事業就是壞的；或是事業的好與壞便決定他的成與敗。 我們現在可以將拉塞爾和舒爾慈兩人的爭論用下面一種事實總括起來：至一千八百八十五年舒爾慈在德國所創設的社會有會員一百五十萬人，資本金一千五百萬磅；而拉塞爾所發起的德國社會民主黨至一千八百九十年選舉時期共投一百四十二萬七千票。 這兩種機關都已經做了許多偉大的事業，而這種事業將來發展出來，還要更加偉大。 關於此事，和關於許多別的事一樣，歷史依照常軌，對於一般爭論家所加的種種狹義的限制毫不介意。

然我們對於拉塞爾和舒爾慈代爾池爭論的詳情也無須再說。 現在我們將拉氏學說的重要方面追叙一番，這是更加緊要的。 拉塞爾所籌畫的和力爭的東西是一種用科學指導之工人的民主主義，而在這種主義之下，武力的要求和正義的要求是應當調和起來的，並且須組織一種基於普通選舉的國家，而這種國家的職務應當高於普通一般國家，他應當做自由，文化，道德，和進步的代表者及提倡者；使這幾種觀念最深遠的意義得完全實現。還有一層；這種民主主義是一種社會的民主主義，在這種主義之中，凡政治上的觀念應當附屬於社會上的觀念之下，於是國家的義務至少也在允許擔保生產協會，從事於社會問題的解決。但這不過是一種最初的辦法罷了；解決社會問題須經過好幾世的努力奮鬥，一直等到勞動界完全解放了，才能夠成功。

這種理想和德意志國家是完全相反對的。德國必須以軍隊和警察為立國的基礎，而勞働界中最有聰明才智的人便極端不滿意。在世界上教育最完全和思想最精密的民族中，所有勞働者中間最優秀的分子都投於社會民主黨中，這種事實狠有研究的價值，這是我們的經濟學家和政治學家所應當注意的。無論德國或是別的國家，都不能夠熱心從事於社會問題的解決，因為歐洲是一個大營寨，在這種營寨之中，所有科學和貲財都全用在製造殺戮我們同胞的武器上。——那位於一千八百八十八年卽位的德皇，對於這種窮兵黷武的事業極願意做一個代表者；但是卽令他不願意做這種事，他也決沒有力量能夠難阻，因為這種事的原因在人性中和現代社會發達中根據太深，要想將他除去，須將人生的原動力和景况大大地改變一番。德國歷史上的往事和地理上的位置，都使他長久成爲一種軍國主義的國家；而許多別的國家便各有種種阻礙，不能夠成爲一種這樣的國家。所以一般改革家如果希望拉塞爾的理想實現出來，他們一面須忍住性子老等，一面須熱心奮鬥。他這種理想是狠高尙的，雖在他一生事業中大家都承認他有許多沒有價值的地方，然一般喜歡求進步的人因爲他竭力主張這種理想，對於他都表示感謝的意思。

第六章　拉伯爾塔斯(Karl Johann Rodbertus)

凡以社會主義和極端的革命精神併爲一談的人，必以爲拉伯爾塔斯是一個狠奇怪的人。他的性情中種種特點，都和他們心中對於一個社會主義家所抱的觀念完全是對反對的。他是普魯士國中一個律師和地主，他是一個幽閒的和勤學的學者，他不獨是不喜歡革命，並且是不喜歡騷動的。他的學說的特點就是社會主義的發達。當在國家管理之下，沿着國家的途徑進行。但是我們如果作一種社會主義合理的記錄，而將拉伯爾塔斯排斥出來，這是不可能的事。　那些陷在這種困難之中的人有一條唯一的道路可以走出來，就是將他們對於社會主義概念的範圍，擴充起來；於是他們對於拉氏必能夠徹底了解。

拉伯爾塔斯被大家認爲科學的社會主義之始祖，他於一千八百另五年八月十二日出生於格來弗瓦爾特(greifswald)，因爲他的父親正在此處大學校中當教授。　他在哥庭堅(gottingen)和柏林研究法律，自此以後，便從事於各種法律的職務；他又到各處旅行；後來便在波摩蘭尼亞(Pomerania)買了耶格左(gagetzow)的產業，所以他的名字又叫做拉伯爾塔斯耶格左。　至一千八百三十六年他移居此地，以後他專心研究經濟學和別種淵深的科學，有時他也狠高興替地方做一點事業。

自一千八百四十八年三月革命以後，拉伯爾塔斯被選爲普魯士國會議員，他在議會中屬於左中黨(The Left Centre)；他又居共同崇拜和教育大臣之職，不過爲期狠短，只有十四日。　他當一千八百四十九年第二屆國會的時候，代表柏林當國會議員，他建議採用佛朗克佛皇室憲法(The Frankfort imperial constitution)，他的議案爲大家所通過。　後來革命的運動漸次失敗，此事不獨在普魯士是這樣的，凡在歐洲各處無不是這樣的；拉伯爾塔斯因此便退出政界，復處于私人的地位。　當普魯士選舉團體分爲三種階級的制度實行之時，他便勸告大家拒絕投票。　他末了一次現身于政治舞台上，就是他當選爲第一屆北德意志國會（The North German Diet）的候補議員，然他畢竟沒有補入。

拉伯爾塔斯和拉塞爾時常通信，這是他一生事業中一樁有趣味的事。　他有一次想組織一種社會黨，要借助于保守的社會主義家麥耶（Rudolf meyer），和拉塞爾的著名黨徒漢森格列衞(Hasenclever)兩人，但是此事畢竟也沒有進行。　拉伯爾塔斯既不願意做一個政治運動家，他也不配做一個政治運動家，因爲他的性情是很淡泊的而又很決切的，他以爲社會的改進不能用激烈的變革，當由長期的和緩的發達，去促成社會的進步。　他警戒德國一般工人，不與政黨相接近，他勸他們應當自成一種高潔的和質樸的社會黨派。他死于一千八百七十五年十二月八日。

拉伯爾塔斯的通常論旨是屬于「社會的，君政的，和國家的」方面。　他以全力主張德國社會民主黨純粹經濟部分的信條，但是他不贊成他們的種種方法，他對于拉塞爾所擬之依國家爲擔保的生產協會，也不同意。 他以爲組織一種社會主義的共和國是祇一可能的事，但是他在他自己的國裏，却誠誠懇懇承認君政的制度，並且希望德皇擔負一種社會的皇帝之任務。 他也是一個眞正的愛國者，他對于新興起的德意志帝國的前途，抱一種無窮的希望。並且時常以此自豪。

拉伯爾塔斯經濟學說的基礎是根據於亞丹斯密（Adam Smith）和李嘉圖兩人所設定的原則，這種原則就是說勞力是價値的泉源和準則，後來一般社會主義家都主張此說。 此外，他又竭力闡明租金，利益，和工錢，都是全國收入中的各部分，而這種收入是由工人團體聯合組織的勞力所生產出來的。 所以結果便不能說工作的工錢是由資本支付出來的；工錢不過是全國收入中一部分爲工人所領受；而全國收入是完全由工人生產出來的。 於是工資基金論就是這樣概括地說明了。

拉伯爾塔斯以爲一般地主和資本家擁有土地和資本，足以强迫工人將他們工作的產物分給不勞動的階級，而在這種分配之中，工人所得的東西，僅夠維持他們的生活，這種議論就是工資基金論中最重要的結果。　既是這樣，工資鐵律便成立了。　拉伯爾塔斯又從這種原則中推出他的商業危機論和貧乏論如下：雖然工作的產物增加，而工人所得的東西大概只夠維持他們那一種階級，所以他們所得的是全國收入中一狠小的部分。　但是一般生產者也構成消費者的一大部分，他們所得的東西在全國收入中既是狠少的，他們這種階級的購買力自然也是狠小的。　生產增加沒有一種消費增加和他並進；生產擴充之後，因勞力缺乏和工人購買力的衰弱，將繼之以生產的收縮。　於是因這種商業上的危機便生出一種貧乏，這是一種不能免的結果。　同時一般不生產的資本家和地主的購買力便繼續增加；但他們既是金錢豐富，足以求得生活上各種快樂，他們便將金錢用在購買奢侈品上，於是奢侈品的生產又增加了。

拉伯爾塔斯學說的主要部分就是他的社會發達論。　他承認在人類經濟的進步中有三種時期：（一）上古野蠻時代，在這種時代中，以人類為財產是一種通則；（二）以土地和資本為私有財產的時代；(三)以勞力或能力決定財產的時代，但這種時代的實現仍然是狠久遠的。人類的目標是在實現一種依共產主義爲基礎而組織的社會；要有這種社會，然後每人所得的報酬以他的工作爲標準那條原則才能夠實現。　在將來這種共產主義或是社會主義的國家之中，所有土地和資本將爲國有的財產，而全部國有的生產將置諸國家管理之下；凡各人所得的報酬，必以他實在的工作爲標準，這種計算方法也是要實行的。　因爲要履行這種職務，國家官吏的數目也要得狠多。　我們已經說過拉伯爾塔斯相信這種社會發達的時期是相距狠遠的；他以爲要一般人民倫理上的勢力足以和這種時期相稱，須再經過五世紀才可以行得。

從我們曾經說過的事情看起來，我們便知道依拉伯爾塔斯的性情，學問，和社會上的地位，他非常厭惡以騷動爲一種促進新時代的方法；他自己擬了許多使舊時代過渡到一種新時代的計畫，但是在他這種計畫之中，他對於一般資本家和地主固有的利益，保護未免過度。他提議現在應當使這兩種階級得享有全國收入中他們分子的全部，但是一般工人當獲得生產增加的利益。　因爲要使一般工人得到這種增加的生產，他主張國家應當爲各種職業定一種標準的作工時間，一種標準的每日工作，和一種法定的工錢，而這種工錢的數目，應當隔若干時期改正一次，按照生產的增加，將工價提高，凡技藝愈加純熟的工人，所得的工錢愈加從厚。 拉伯爾塔斯主張國家實行這種方法去矯正自由競爭的種種弊端，使舊時代得漸次過渡到一種社會主義的新時代。

拉伯爾塔斯的經濟著作是用一種溫和的和科學的精神，去表出由自競爭制度所生的種種不好的傾向，而這種傾向在工資鐵律的作用中尤非常顯著。 他所提議補救的方法，就是國家應當管理生產和分配事宜，並且應將管理的範圍漸次擴充，一直到我們達到一種完全的和普遍的社會主義時代才止——勞力既是價值的泉源，所以各種財富都應當歸勞動家享有，將來無論什麼事情都是以這種原則為基礎的。

我們對於拉伯爾塔斯的學說，現在也無繼續研究之必要。 他的學說的要旨是很清晳的，至於詳細之點，應當用一種專著去討論他。 在他的經濟論旨中，有許多重要的特點，是和馬克思及拉塞爾兩人的論旨相同的。 他們所不同的地方，就在應用他們的原則時，方法各異。我們已經知道拉伯爾塔斯希望普魯士或德意志國家採用他的學說，但是他的學說所主張的，要實現出來，須經過很久的時期，我們對於此事所引起的興味自然是不很强的。如果以德國人民新近所獲得的政治上的權利，不能夠利用他去增進他們社會上的要求，這種思想是很不合理的；而在許多官吏之下所實現的社會主義的發展；不是一種動人心目的希望；這是不用多說的。

拉伯爾塔斯在德國近世政治經濟學中占極大的勢力，而瓦格納的著作，受他的影響尤大。有許多人都把拉氏當做一種真正科學的社會主義的始祖。他對于經濟學的原理所下的批評，足以使他們於研究科學時，改變他們向來的態度。

第七章　馬克思(Karl Marx)

馬克思是社會主義史中一個最著名的和最占勢力的人物。他及他同心的朋友昂格思都被大家承認爲「科學的和革命的」社會主義派的首領，這一派在文明各國中都有代表，而大家對於這一派都認爲社會主義中一種最危險的和最可怕的新派。

馬克思和拉塞爾一樣，都是出於猶太種族。　相傳自十六世紀至他的父親的時候，他的祖宗都是法學博士。　他於一千八百一十八年出生於特列夫（Treves），他的父親在此處從事於法律事業。　他的父親和母親都受過極完善的教育，並且脫去猶太族種種舊習和成見。至一千八百二十四年他已經是六歲了，他的家中此時捨棄猶太教（Judaism）而信奉耶蘇教。

馬克思是在一種非常順利的境遇之中教養出來的，他的爲人既富於熱情，而精力又很强々稟質又極高，他幼時將德國最好的學問盡力研究；不久便熔化了。　他因爲要得他父親的歡心，遂在波昂（Bonn）和柏林諸大學校中學習法律，但是他也時常依照他自己的志願，發了許多功夫去研究歷史和哲學。　當時黑格爾的勢力正在極盛時代，馬克思非常熱心研究他的學說，並且變成他那一派一時的信徒。　至一千八百四十一年他在大學卒業，他因對於伊璧鳩魯（Epicurus）的哲學做了一篇論文，便得到一個博士的學位。　自此以後，他便和德國各大學脫離關係了。　他原來想在波昂大學校當哲學教員，但是因他的朋友鮑亞（Bruno Bauer）在此校當神學教員，爲普魯士大臣愛赫倫（Eichhorn）所薄待，他遂中止他的計畫。

從實際上說起來，馬克思那種喜歡革命的性情，和一個德國學者所遵循的常軌是不相合的，而按照普魯士當時的政情，在國家事業中無論那一方面，都沒有自由活動的餘地。所以馬氏便不能不立於反對政府的地位，至一千八百四十二年的上半期，他和極端的民主主義的機關萊因報相聯絡，這種報是在柯洛哥地方出版的。他曾於一種很短的時期中做這種報的主筆。當那個時候馬氏在報館中極力攻擊普魯士政治上的反動，因此普魯士政府便將這個報館封閉了，當報館沒有封閉之前，此報極力讓步，希望轉圜，但是沒有一點效果，然此時他早已離開報館中了。

馬克思在同一年之中，——一千八百四十三年——和威斯特華倫(Jenny von Westphalen)女士結婚，女士的家中人在萊因地方的政界中居很重要的職位。他的兄弟後來做普魯士的大臣。他們兩人結婚之後，非常快樂。馬克思生平事業是一種革命的事業，他經過許多患難和困苦，然他因此便知道他的妻子是一個勇敢的，堅決的，和富於同情的人。

馬克思結婚之後，不久便寄住巴黎，他在此處專心研究他以後畢生活動所根據的各種問

社會主義史　上卷　一四八

題。　在他一生中，他似乎是努力奮鬬，達於極處。　他在巴黎和法國一般重要的社會主義家極相友善；他時常是通夜不睡，和蒲魯東討論關於經濟上的種種問題。　然他的最親密的朋友是德國一般出亡之人。　他和儒格(Arnold Ruge)同在德法年報(Deutsch-Franzosische Jahrlucher)當主筆。　他又遇見漢訥，在德國亡命中者，漢訥是一個最著名的人物，相傳當漢訥做他的有名的冬話 (Wintermarchen) 之時，馬克思曾參預其間，替他代出一部分的主意。

馬克思在巴黎所遇見的名人狠多，但是其中最重要的人物是昂格思。　昂格思是巴門地方一個製造人的兒子，他於一千八百二十年出生於此處。　他所學習的職業是和他的父親一樣的製造業；他因此就在製造業盛行的滿切司他住了一回。　他於一千八百四十四年在巴黎遇見馬克思，當他們兩人沒有相見之前，他們的見解已經是完全相同的，後來他們兩人交情極深，差不多到四十年之久。

至一千八百四十五年的上半期，基左內閣 (Guizot Ministry) 因普魯士的要求，將馬克思逐出巴黎。　他遂跑往不律塞，一連住了三年。　他脫去普魯士國籍，以後也沒有歸化別國。至一千八百四十五年昂格思將他的重要的著作英國工界情形（The condition of the Working Class in England）刊佈出來了。到了一千八百四十七年，馬克思也將他反對蒲魯東貧困的哲學之著作哲學的貧困（Misere de la Philosophie）一書刊行出來了。蒲魯東在當時歐洲社會主義中是一個主要人物，而馬克思和他已經是很相契的朋友，這是大家應當注意的。然馬氏批評他的朋友，便毫無一點情面。我們要想擁護馬克思，也只能說這樣損害別人的方法，在當時不是不常見的，而他所見爲和眞理及無產階級的主張有關係之處，他便不顧人情，毫不肯放鬆。他對於蒲魯東的著作，雖是一種爭辯的議論，然因這是他的意見第一次露佈，所以也有一點趣味。

但是他這種著作差不多沒有人注意。在同一年中——一千八百四十七年——他和昂格思得到一種很好的機會，他們便將他們共同的意見發表出來，這種意見引起許多人的注意，在工界的主張中，一直到現在，這種意見佔極大的勢力，並且他的勢力仍然是逐漸增長起來了。

有許多社會主義家在倫敦組織一種社會，這便是國際黨的先驅，他們見了馬克思的新學說和他主張這種新學說堅強不撓的精神，便大爲他所動。 他們遂和馬克思及昂格思互相結合，他們的社會也重行改組，更名爲共產黨同盟會 (The Communist Lergue)，並且共開一種會議，而會議的結果，便於一千八百四十七年作成一種共產黨宣言(The Manifesto of the communist party)用歐洲西部各種文字公佈出來，這種東西就是包羅十九世紀一切學問之革命的社會主義第一次的宣言，這是依照一位在國際運動和別種運動中，驚駭世界之政治運動家的氣魄和熱望發表出來的。

當一千八百四十八年革命騷動的時候，馬克思重返德國，他和他的友人昂格思及哇爾夫 (Wolff) 等在新萊因報中擁護一種極端的民主主義。 至一千八百四十九年，馬氏寄居倫敦，後半生他遂長留此地，竭力形成他的經濟上的見解，並且企圖他的革命計畫的實現。 至一千八百五十九年他將他的政治經濟學的批評 (Zur Kritik der politischen Oekonomie) 刊佈出來了。 這部書在他的資本論第一卷中大半又編進去了，這種資本論第一卷是一千八百六十七年出版的。 他以後的許多年月便常在病痛之中討生活，他的身體原來是很強壯的，因爲他用功過度，遂將身體弄壞了。 他於一千八百八十三年三月十四日死於倫敦， 巴黎地方自治團所起的革命，也正在這一年，有了這兩種緣因，所以這種時期在無產階級的歷史上是很著名的。

自從馬克思死後，他的傑作資本論的第二卷和第三卷都完全出版了，這是昂格思從他的草稿中替他編纂攏來的。 馬克思的資本論第一卷是很富於歷史上的興味的，但是他的第二卷和第三卷便缺乏這種興味。 安根爾士於一千八百七十七年獨自刊佈一種著作，名爲杜靈格的科學革命 (Herrn Eugen Duhrings Umwalzung der Wissenschaft) 這是一種反對杜靈格（柏林大學校的哲學教員）的辯論，這種著作在德國社會民主黨的發達中有極大的影響。 昂格思死於一千八百五九十年，他一生盡力於無產階級的主張在五十年以上。

德國社會主義起源的種種原因是很清析的。 那位屬於浪漫派的威廉第四 (The romonticist Frederick William IV.) 於一千八百四十年登普普士王位，而德國自由主義因此又有了一種新發展。　同時黑格爾派起首破裂，而大家對於純粹哲學的興味也逐漸減少了。　當時正是一種幻想消滅的時代，一種大家不滿意於理想主義的時代，一種思想方法過渡到實在界甚至於唯物界的時代。　這種痕跡在黑格爾黨左派中最爲明顯，他們覺悟了舊宗教和舊哲學的種種理想是流於空虛的，後來便以人生實在的事實和人生現世積極的利益爲他們學說的主體。　所有以前對於理想的和精神界的概念所用的努力和熱忱，現在都專注於人類方面。黑格爾黨左派是因一種最勇敢之批評的精神將他們從理想界中拯救出來的，所以他們對於一個封建社會的種種習俗，毫無一點重視的意思；現在他們覺得人類的種種利益都因主張階級特權和心存階級成見便將他犧牲殆盡了。

德國一般最大的思想家，對於法國大革命，都承認他含有好些優美的元質在裏面。　他們又承認法國社會主義具有許多優美的和發達無窮的特質，而曾經住過新思想集中點巴黎的德國人尤特別承認此說，這也是一椿很自然的事。　西歐的無產階級受了種種壓迫，便極力奮鬬，近來才出現於世界的歷史上，這種奮鬥是人類中一椿最後的和最大的事業，現在德國一般思想家覺悟了這種事業就在他們的面前。 於是馬克思和他一般友人便以社會主義爲一種社會的，政治的，和經濟的信條。 但是他們覺得以前種種社會主義的學說都缺乏一種科學的基礎；所以他們這一派便有兩種目的，就是一面使社會主義變成科學的社會主義，一面用最好的和最有效的革命方法，將這種社會主義傳播於歐洲各處。

馬克思派和與他這一派完全相近的社會主義之根本上的原則是「贏餘價値」論——這種學說就是說資本家支付使工人足以維持他自已和他的家庭生活的工錢以後，便將他的工作所贏餘的生產物據爲己有了。 這種學說係應用勞力是價値的泉源那條原則，而那條原則是許多舊經濟學家如洛克(Locke)和彼得(Petty)等所宣佈出來的，而亞丹斯密又加以一種含糊的和前後矛盾的解釋，至李嘉圖才用一種有統系的方法闡明出來。 渦文一派和英國民權黨曾應用贏餘價値論的原則於他們的社會主種上。 渦文派因爲要防止一般資本家和居間人奪取贏餘價値，便於一千八百三十二年試行一種以勞力證劵爲交換媒介的制度，凡貨物的價値依工作時間計算，而以勞力證劵代表出來。

勢力是價值的泉源這條原則所有邏輯上的種種結論，都爲馬克思所承認，他並且應用他那種辯論的高才，和歷史上的學識，將這條原則作成社會主義中一種最完全的學說；這是世間所未曾見過的。拉伯塞塔斯曾應用過這條原則，但是他的內容不甚宏富；就是普魯東種種奇異的議論也是以這條原則爲基礎的。這條原則成爲一種科學的發達，但是馬克思的力量居前，還是拉伯爾塔斯的力量居前，這種問題在此處也不能夠討論。但是我們可以說這種學說於拉伯爾塔斯在他一千八百四十二年所出版的第一次著作中闡明出來的，而馬克思派到了一千八百四十五年便知道這條原則的重要；從廣義說起來，這條原則是一般社會主義家的公共所有物。拉伯爾塔斯種種的著作，論到他在歷史上的重要和科學上的價值，是不當過於重視的；因爲瓦格納和德國別的著名的經濟學家，對於他的著作已經是非常注意的；但是他們也找不到這種好處出來。

然在馬克思的傑作中，社會主義的學說，是用一種淵博的學識和邏輯的勢力闡明出來的，這是拉伯爾塔斯遠不能及的地方。贏餘價值的學說在馬克思的手中便應用最廣，發達最快；這種學說是解釋他的資本之歷史和影響的鎖鑰；也是解釋現在經濟時代的鎖鑰；因爲在這種時代中資本是極占勢力的。 在實際上，這種學說是社會哲學極巨的和極精的統系中一種基礎。 然無論如何，若說馬克思曾剽竊過拉伯爾塔斯的學說，那便是一種謬說，也是一種歷史上的錯誤。 馬克思是一個獨立的思想家、他極富於思考力，遇事能獨出心裁，他一生專心研究近世歐洲經濟發達的，他的慣性不是剽竊別人的東西，但是將他自已所搜集的結果，明白斷定出來，使這種結果得印入別人的腦筋中。

馬克思的傑作可以說是資本的一種註釋和批評。 但是他這種著作也間接是社會主義的一種註釋，因爲資本之歷史上的發展，是爲天然的公例所宰制的，而社會主義就是這種公例中必然的傾向。 馬克思最大的目的是將近世經濟運動的公例宣布出來。 近世經濟的運動是爲資本所宰制的。 所以將資本的自然史，和他的起源，結質，及衰落表明出來當作一種發展的程序，你就預先知道他正在要變的那種東西的性質——社會主義。 所以以後馬克思派的大職務不是宣傳新經濟和新社會的福音，不是仿照初期的社會主義家的模樣，預備社會改造的種種現成的方法，也不是用各種和緩的方法，將現行制度所產生的痛苦去減輕，他們的大職務是將社會發展所必經的過程表明出來，並且促起他前進，使資本的勢力自然衰落，而讓那種一定會來的更優美的制度，做他的替身。

馬克思通常稱資本制度爲資本主義的生產方法，這種制度的特點，是一般資本家雇用自田的勞動者去做工業上的工作，而勞動者所倚賴之處只有一事，就是他們所領受的工錢。那些自由的勞動者所做的職務，當社會在別種狀況之中，是一班奴隸和田奴所做的。　在資本主義的制度發達之中，便生出兩種階級——一種是資本階級，他們因爲自己的私利，壟斷工業，奪取工業上種種利益，去增進他們自己的財富，一種是工人階級，他們名義上是自由的，但是他們既沒有資本，又沒有土地，所以他們就缺乏生產的工具，專門去倚靠工錢——這是近世無產階級。　資本家的大目的是以積集各種利益的方法，去增加他的財富。　這種積集的方法，就是將一般社會主義家所稱爲贏餘價值，據爲已有。　依資本主義的方法而從事生產的歷史，就是奪取贏餘價值和積集贏餘價值的歷史。　如果懂得資本主義的制度，便贏餘價值。所以馬克思的傑作是從分析價值入手的。

在盛行依資本主義的方法而生產的社會中，那種財富好像許多商品的一種大集合。商品是一種有形的物件，是用起滿足人類的慾望的；這樣應用便使商品在使用上變成有價值的東西，便使他具有一種使用價值。許多使用價值便構成財富的材料，至於財富在社會上所具的形狀是什麼，可以不問。在近世社會中，生產事業是應市面的要求而起的，就是因為交換的緣故而起的，而這種使用價值 (usevalue) 就成為交換價值 (exchange value)。交換價值是一種比例，在這種比例之中，凡種類不同的使用價值，互相交換起來。但是在世界市場中所流通的貨物，種類非常之多，互相交換起來，比例各大不相同。這些貨物一定要有一種共同的品質，不是這樣，他們就不能夠互相比較。而這種共同的品質不是什麼商品中自然的性質。在交換之中，倘若你的貨物的分量十足，那麼，一種貨物和別種貨物都一樣是好的。

我們如果不想及使商品得到使用價值之有形的品質，我們便覺得商品中只有一種共同的特質——這些商品都是人類勞力的產物。　他們都是人類勞力的結晶品。　凡天然物品加以人類的勞力才有價值。　構成價值的東西就是加於商品上的人類的勞力。　交換的關係，不過是這種價值的一方面罷了，所以這種價值當離開交換而言。　此外，生產價值所費的勞動時間；就是價值的標準，這不是指這個人或那個人的勞動，因爲在此等場所一個遲鈍的人或是一個技術不精熟的人，一定要和一個最敏捷及技藝最純熟的人生產分量相等的價值，我們務必以公衆平均的勞動力量作爲標準。　我們所定爲價值標準的勞動時間，是在經濟的社會生產情狀之中，依平均的技術；和盡力的工作；生產一種商品所需的時間。　既是這樣，勞力便是價值的泉源和價值的標準。

資本主義的存在及發達所必需的條件如下：——(一)有一種階級壟斷生產的工具；(二)另有一種勞動階級，他們雖是自由的，但是缺乏生產的工具；(三)因交換於世界市場而起的生產制度。　但是或者有人要問這些歷史上的情形是怎樣成立的？　資本階級是怎樣起源的；一般工人怎樣便沒有了生產的工具，世界市場是怎樣開闢的？

以上幾種情形經過長期的和遲緩的變遷之後，才逐漸出現，馬克思從英國歷史上將這些情形詳細描寫出來了，因爲英格蘭是資本主義極發達的國家。當中古時代，一般工匠及農夫是小生產工具的所有人，他們是應他們自己和他們封建長官的需要而從事於生產的；他們所生產的東西如果有餘，才送到公共市場去出賣。這樣的生產自然是規模很小的，分量很有限的，並且就技術上說起來，一定也是不完全的。到了中世紀之末，便發生一大變局；這是因種種顯著的情形聯合攏來所促成的——封建制度和天主教教會的衰微，美洲和印度航路的發見。因爲封建世系和附屬於封建世系一般從人的傾覆，因爲歷來的農民租地變爲廣大的牧羊場，因爲管理土地不依天主教和封建的精神，而應用商業上的制度，於是一般農民就被逐於土地之外；還有許多完全沒有財產的人，失了他們歷來的生活方法，或墮落成爲一種漂流不定的浪人，或被逼遷入城市中。近世一般貧民因爲這些原因，受了許多痛苦，才出現於歷史的舞台上。

在他一方面，便有一種資本階級的發達，和無產階級相對峙，資本階級所以發達是由於奴隸貿易，由於開拓美洲殖民地和兩印度，由於緣土地從天主教和封建制度轉入現行制度而起的强奪，侵害，和行賄。然因開闢和擴充世界大市場，更使國內工業大加振作。所有以前的舊商社都拋棄了或解散了，而初期的工業組織，在一種幼稚的資本主義管理之下，經過初次痛苦和奮鬬的時期，到後來因大機器的發明，蒸氣作爲原動力的應用，和十八世紀末工廠制度的興起，於是工業上的大革命便完成了，而資本主義的生產方法也完全發達了。

資本主義的制度就是這樣成立的。我們應當記憶，在資本主義的各種組織之中，和經過資本主義歷史上各種時期，資本家的大目的是在奪取贏餘價值，去增進他的利益和保障他的利益。

我們現在就應當詰問這種贏餘價值是怎樣得來的？

資本主義制度的發軔點就在各種商品的流通。我們已經知道資本主義的生產方法是爲交換所支配的。然交換一事如果只是互易等值的東西，那麽，便沒有贏餘價值的利益可言。

在交換之中，一定要有一種東西使買主可以利用，使他比較原來因那種東西所付出的價格，還要得到一種更大的價值。

那種所需要的東西，便在工人的勞動力量中得到了，因爲一般人自己缺乏生產工具，不得不仰給於擁有這種工具的資本家。換一句話來說，工人在市場中只有一件唯一的東西是他能夠拿出來的，他便於一特定的時間內，在一種一定的價格之下，將這種東西賣出來，我們稱那種價格爲工錢，工錢的數目，是和維持工人及預備將來勞力的供給（在他的家庭中）所必需的生活品之價值相等的。資本家在工廠中或鑛山中利用工人的勞動力量，生產一種超過工人工錢的純粹價值；就是他付了工人的工錢及全部用費外，還有一種贏餘，這只好算爲他的工人之無償的勞力。這種贏餘就是馬克思所說的贏餘價值，就是一種無償勞力的產物。

利用贏餘價值一事，在人類社會中是一種很古的現象。在倚賴奴隸工作的各種社會中，和封建制度之下，利用別人工作的產物這樁事是明的，是毫無隱諱的，並且是强迫的。在資本主義的制度之下，利用別人工作的產物是隱藏在自由契約的形式之中的。但他的效力是一樣的。工人沒有工作的工具，他的工作力量便毫無用處，所以這種强迫雖隱藏在自由的形式之中，然他對於工人是一樣地利害。工人必定俯就這種自由契約，不是這樣，他就會餓死。

資本家用這種方法得了羸餘價值，他又搜羅各種有利的方法去積集羸餘價值。馬克思的資本論第一卷中有好幾百頁將積集羸餘價值的各種方法詳細描寫出來了。馬氏從英國最好的歷史紀錄裏和議院各種委員會的藍皮書中，引出很長的和很多的證據，處處證實他的議論，這是英國工業制度中種種弊端的一幅慘淡無光的畫圖。這是英國工業興盛中一種黑暗的和悽慘的反面。那種慘無人道地延長工作時間呀，那種不顧人情地利用婦女及極小的小孩子作工呀，那種極端地疎忽衛生事宜呀，——總之只要可以減少生產的費用，只要可以增資本家的利益，雖然將所有人類和宇宙的公理都違背了也不管；凡此種種都是歷史上的事實，這是馬克斯極注重的，所以他便引用極多的例證，將這種事實明白解釋出來了。在英國國內，因爲要限制一般貪得無厭和毫無忌憚的資本家，因爲要防止工業人民道德上和身體上的墮落，經了半世紀極激烈的戰爭，才有一種英國工廠條例(The English Factory Acts)出現，在這種工廠條例的歷史上，以上種種弊端都證實了。

我們現在應當將資本主義發達的過程詳細考究一番。 在舊制度之下，工業是由各個人舉辦的。 生產物既是由一個人自己的勞力，用他自己的材料和工具製成的，那麼，他便得到生產物的全部，這是毫無疑義的。 在古代這是生產中一種經常的方法。

在現行制度之中，生產的方法便大不相同了。 資本制度的制度中一種最顯著的結果就是生產是一種社會的工作，由許多人在工廠中聯合攏來，着手實行的；但生產物便為各資本家所得去了：這就是社會的生產，資本主義的利用。 在古代財產是由個人自己的勞力得來的，而在資本主義制度之下的財產，是別人勞力的產物。 這是全部資本史上一樁自相矛盾的事情。 所有現代各種對抗和紛亂的情形，都是胚胎於此點。 社會的生產和資本主義的利用是兩不相容的，如果這種制度發達及於全世界，他那不相容的程度將愈加顯著。

社會的生產和資主義的利用既兩不相容，在和這種事體有關係的人民中，自然會發生對抗的形勢出來。 一般利用生產物的人成為一種有產階級，而社會上的工人組成一種無產階級，這是新時代中兩種歷史上的階級。 還有一種顯著的和重要的結果，就是我們在工廠中既有了這種組織，我們在工廠外又有一種自由競爭的紛亂情形出來。一般利用生產物的資本家都力爭獨占市場，毫不計算市場需要貨物的分量是怎樣的——各人只顧自己的利益，將貨物充滿市場，並且用僞造貨物，行賄，和陷害種種方法，去壓倒他們的敵手；這種經濟的戰爭對於社會上種種利益都是大有妨害的。資本主義的制度既經發達，機器便愈加進步了，因爲不注意機器改良便是在戰爭屈服了；機器既經改良，應用人力之處愈少，於是一般工人無事可做，至於餓死；而資本階級對於這種情形是非常滿意的，因爲當工業特別活動的時候有許多、閒的工人可以隨時雇用，當競爭中所不能免的壓迫出現的時候，又將工人逐出工廠，這是於資本家很有利益的。

但是因技術進步，工業的生產力增加，銷路雖廣，仍然是有供過於求的傾向。這種情形是萬不能免的，因爲大多數人口的銷費是降至極小的限度，他們所購的貨物，不過是維持生活不可少的東西。一方面依資本主義自然的公例，他是傾於限制銷路，而在他方面，他又用盡許多好的和歹的方法去擴充銷路，這種情形又是資本主義的制度中一椿自相矛盾的事。

此事的結果就是各種貨物充滿市面，達於極度；貨物不能行銷，便釀成一種商業上的危機，便發生蔓延很廣的恐慌，窮困，和饑荒的現象，這是由於財富過多所致的——傅立葉稱這種現象爲財富過多的危機（Crise Plethorique）。

這種危機隔若干時期出現一次，每次出現，比較上次危險愈大，蔓延愈廣，到了現在，他便成爲一種錮疾，永久不退了，而資本主義的世界，在財富不均的大重量之下便立脚不住了。資本主義取了這種途徑本是依照他自然的公例。生產逐漸集中於一般大資本家和大公司的手中，而一般貧民在他們之下組織攏來，受一種訓練，變成一種大規模工業中的軍隊了。但是一種危機才去，他種危機又來了，連接不斷，一直到恐慌，停滯，和紛亂成爲一種普遍的東西，於是有產階級再沒有能力管理工業界，便非常明瞭了。從實際上說起來，現在種種生產的勢力都四起反抗資本主義對於他們所加的許多限制。

社會的生產和紛亂的分配，兩不相容，是明明白白表現出來了。近世民主主義受了長期的和艱苦的經驗之訓練，便具有一種卓識，了解他自己存在的情形。生產的社會性是爲他所明白承認了。　無產階級將政治上的權利握到手中，藉政治上的勢力，末了便完全掌握社會中經濟的事業。　這種階級排斥一般資本家，他們將生產工具握入手中，按照他們的利益，去管理這種工具，因爲他們的利益就是社會全體的利益；於是社會經過一次革命便入於社會主義時代，而這種革命的終止，不是僅僅憑藉權力所致的，但是由於社會進化中自然的公理使然的。　這種結果是由於社會進化中固有的原則所決定的，這是和私人的意志及目的不相干的。　凡那些最有勢力的人和那些眼光最遠的人所能夠盡力之處，就是力求預先懂得社會大運動的公例，並且力求縮短減輕新時代產生的痛苦。　凡各種階級盡力反動，要將歷史的輪盤向後面倒推，這是徒勞無功的。　但是一個人如果心靈眼快，了解時代的趨勢，並且甘心情願和這種趨勢去共同工作，那麽世界進步一定要更容易些，更順利些，並且要更迅速些。

贏餘價值在歷史的過程中所演的事實，我們也儘可不囘轉多說了。　資本家利用勞働的生產物，因爲他含有一種贏餘價值。　生產物中有一部分變成贏餘價值，代表純粹利益，於是資本家爲他所引誘，便利令智昏。　贏餘價值是資本主義的初步，中權，和結局。　他在資本主義的起源，進步，衰微，和傾覆中都是一樣進行的。　他是好幾世紀歷史發展的大過程中一種鎖鑰；他是極大的進化中一種密訣。　當時代向前推移不止，他便變成種種公然的密祕了。　資本主義以前得了這種滋養品之力不少，現在他却飽極生厭了。　資本主義因爲贏餘價值太多的緣故，便將他弄僵了，終至於死去。

現在我們就要問究馬克思派對於資本主義傾覆以後，有無籌備將來或爲新社會所採用的方略。　馬克思在他所刊佈的傑作中，對於指導我們的方法說得很少。　他所明白標明出來的意見，就包含在下面一段議論裏面：——「我們當組織一種自由的人民聯合會，用公共的生產工具去作工，並且將許多私人的勞動勢力合成一種社會的勞動勢力。　這種聯合會中全體的生產物就是一種社會的生產物。　這種生產物中有一部分將再用爲生產的資料。　這一部分生產物當留爲社會的財產。　但是生產物中其他一部分當用爲維持生活的資料，爲聯合會各會員所享用。　所以這種生產物便當分配於各會員。　至於分配的情形，當按照生產組織的特別性質，和生產者歷史上發達相符的等級，隨時改變」。於是馬克思繼續又說，每個生產者在生活品中所得的分子，將按照他的工作時間而決定多少。工作時間就是各生產者在公共勞動中所出的勞力分量之標準。也就是他在公共消費的生產物中所應得的生產物分量之標準。

此外昂格思對於國家也有一種重要的意見表示，昂氏是可以完全代表馬克思的。當無產階級已經將政治上的權利攫入手中，將生產工具變成國家公產以後，國家便將消滅。在舊社會之中，國家是掠奪階級的一種機關，他是用作維持掠奪中種種現狀的。掠奪階級在職務上是社會全體的代表，然在實際上他們不過是代表他們自己罷了。但是國家一旦變成社會全體眞正的代表，國家便使他自己歸於無用了。在一種沒有受治階級的社會中，什麼治人階級呀，生產的紛亂呀，和生存競爭呀，都消滅了，沒有什麼事情要用壓制，所以像國家這樣東西的壓制力便無存在之必要。國家第一種行爲是眞正成爲社會全體的代表——以社會的名義據有生產工具——這也是國家最後獨立的行爲。將來有一種掌管生產事務和別的一切事務的機關去代替那種治人的政府。國家不是被剷除了；，他是自行消滅了。

在實際上，這兩種意見所指出的社會情形，和無政府派所籌畫的方略，根本上並沒有什麼差異。他們兩派都希望有一種新時代出現，使人類得生活於自由的聯合會之中，而管理社會事業，無須使用强迫手段。

大家應當知道馬克思和他那一派所籌畫的方略，是一種經濟的革命，這是按照歷史發展中自然的公例而實現的。但是我們要懂得馬克思心中所指這種革命的完全意義，我們便當記憶他是以社會的經濟制度作爲社會之基礎的，他以爲這種制度可得決定社會制度中各種組織。所有法律和政治的組織以及哲學和宗教，都是根據經濟的基礎而成立的，並且是根據經濟的基礎去支配的。這種情形是和他的方法及他對於世界觀相符合的，然這種世界觀是和黑格爾派的世界觀相反的，他說；「黑格爾將思想作用，標出一種獨立的題目，名爲理想，他以爲這是創造實體的東西，而實體不過是理想的外表罷了。反之：我以爲理想不是別的東西，是一種在人心中經過變化的物質」。馬克思對於世界觀是一種明明白白的唯物論馬克思將研究的辯論法(Dialectic method)應用於他所假定的世界上。辯論一語在黑格爾哲學和別的哲學中是很通行的。這個名詞在唯物的世界觀中似乎不大合宜。辯論在馬克思所主張的制度中，卽指研究事業是於歷史發展的過程之連環體中，將連接之處，追溯出來，在社會發達之中，考究一種時代怎樣繼續別種時代，凡人生和歷史的事實及狀況不是固定不動的東西，但是川流不息的實體中種種變化不已的表徵，而科學應當將這種變遷所經的軌道表現出來。馬克思和昂格思兩人並且喜歡用黑格爾有名的三重進程的詞句——本題，反句，和總合——去表明資本主義的發達。古時一個人倚賴自己的勞力所得的財產，就是本題。在資本主義的時代，一個人倚賴別人的勞力所得的財產，是上面那種財產的反對。無產階級排斥資本家就是這種反對的反對，或是總合。馬克思應用黑格爾的詞句，是僅用作文學上的語式，還是他眞正相信黑格爾主義的痕跡，這樁事是不容易斷定的。

馬克思派的全體論旨是一種進化的和革命的社會主義，而以唯物的人類歷史觀和唯物的世界觀爲基礎的。　社會主義是一種社會的革命，是由歷史進化的公例而决定的——這種革命改變社會中經濟的基礎，也將改變社會中全體組織。

我們爲便利起見，可以將馬克思派的社會主義總括如下：——

(一)唯物的世界觀及唯物的歷史觀。

(二)研究的辯論法。

(三)經濟制度是社會制度的基礎；社會，宗教，和哲學之法律上及政治上的組織，是按照經濟的基礎而規定出來的。

(四)資本主義之歷史上的發展；從十五世紀以來，資本階級是怎樣發達的，和他對峙的無產階級是怎樣發生的。

(五)資本階級利用並且積集含於生產物中的贏餘價值，遂致巨富，而無產階級所得的工錢，僅足維持生活。　這種情形是社會的生產和資本主義的利用。

(六)工廠的組織；社會的紛亂。

(七)這種紛亂當商業上大危機的時候，愈加利害，即此可見中等階級再沒有能力去宰制生產上的勢力。

(八)要解決各種自相矛盾之點，只有明白承認生產的社會性。　無產階級將政治上的權力握入手中，然後將生產工具變爲社會的財產。

(九)國家向來是一種壓制生產階級的機關，將來會變成一種無用之物，自然消滅。從此以後，政府的職務就在管理工業上的進行事宜。

馬克思的著作是一種自然的資本史，書中和勞動有關係之處，尤特別詳明，而書中最重要的特點，就是將最好的經濟學中兩條重要的原則發揮出來了——勞力是價值的泉源，但是勞動家自己從這種價值中僅得了一種維持生活所必需的工錢，所有贏餘部分，均爲掠奪階級得去了。　李嘉圖的經濟學中有兩條原則是自相矛盾的，就是他的「工資鐵律」，和「勞力是價值的泉源」，而馬克思的傑作，可以說是這兩條原則之詳細歷史上的發揮。　馬克思對於勞働的概念和李嘉圖對於勞動的概念都是相同的，至對於李嘉圖兩條原則歷史上矛盾之點作

一七二

一種邏輯的解釋，是馬克思的著作所擅長的。　然李嘉圖和馬克思兩人對於勞動的界說顯然是過於狹小。　他們說勞力是財富的泉源，這種勞力便是手工的勞力。　在初期的工業之中，銷場狹小，技術也是最簡單的，最粗劣的，在這種情形中的勞力；很可以說他是價值的泉源。　但是在近世工業之中，銷路遍於全世界，技術也非常複難，自由競爭也非常激烈，而在初創之中的發明敏捷，勇猛，决斷，和在管理之中的技能都是很重要的要素，既是這樣，那麽以前勞力在生產中所要求的獨占的地位，現在便不能允許他了。　所以李嘉圖的原則不能夠成立。

馬克思以爲資本家的利益，都是從利用無償勞力的生產物而得來的，這椿事，在歷史上是不眞實的。　資本家在工業創始和管理之中；須擔負生產事業中最煩難和最重要的部分。

馬克思又以爲資本是資本家所利用的無償勞力之累積物；這是他上說自然的結果；在歷史上這說也是不正確的。　資本家在過去的累積之中，如像在工業管理之中，已經做了一部分極重要的事業。　所以資本也不限定是搶刼之物，而在經濟組織之中，自由交換制度如果是一種通行的互利方法，那麽，借貸金錢而獲取利息這條原則便不能夠加以反對。　總之，馬克思以無償勞力說去當作解釋資本主義制度起源和發達的鎖鑰，這樁事是和歷史不相合的。這是李嘉圖派幾種重要原則中一種完全邏輯的結果，並不是經濟發展中事實上精密的記載。

馬克思的無償勞力說和他自己社會進化的哲學中普通的原則是不相符合的。　他以爲歷史的推移是由物質的勢力而決定的，歷史是許多有次序的現象中一種連續物而爲自然的公理所支配的。　現在我們可以拋棄馬克思派所宣言之原則中所生的反對論，他們說按照倫理上的概念去裁判自然的經濟上之作用，是不正當的；然馬格思在他的傑作中好幾百頁裏面卻挾一種革命的力量，按照倫理上的概念去裁判自然的經濟上之作用。　要和這一派的原則完全相合，便當說明最初資本家的精力和發明力，在決定一種經濟時代的生存和發達之中，是最重要的要素，並且自由的確定，在破除舊封建制度的縛束而代以新制度的時候，也是一種很重要的條件。　所以資本家沒有得到無償勞力的生產之時，便有一種極大的社會上和工業上之職務應當履行，他在歷史的發展中做了一番重大的事業。　至於工人的地位和職務便要次一等。

總之，馬克思沒有十分認淸新社會勢力的發達便有許多新職務跟着發生：就是創始和管理工業上的企業。　這種職務不能包括於勞力之狹義的界說中，他在進步之中是極重要的；凡履行這種職務的人有一種極完全之歷史上的理由，可以爲他們生活於工業界中和分得工業產物的保障。　然一般新工業領袖所做的各種事業，也不能夠都藉此說爲護符，這是無容我們多說的。　他們當實行工業上企業計畫的時候，常常是粗暴，苛刻，殘忍，並且毫無顧忌，關於此等事體的證據是很多的。　這樣的工業方針將來是否應當繼續下去，討論這個問題，也不能夠因上面一樁事便先存成見。

馬克思力爭贏餘價值是由無償勞力得來的，他這種議論和他自己科學的歷史家及哲學家之身分是自相矛盾的。　當馬克思少年時代勞力是價值的泉源這一說，很爲一般經濟學家所承認，並且有許多舊派中人以爲此說是很公正的，便將他採入他們所持的樂觀主義中。　然一般經濟學家却沒有採納這種原則中明白的結論：就是，勞力既是財富的泉源，勞動家便應當享有財富的全部。一般社會主義家便不是這樣，他們卽刻就將此說對於現行的經濟制度之關係，看出來了。馬克思在他所做的反對蒲魯東的論文中，將許多應用這種原則於革命計畫的著作家列成一表（從霍布頃斯(Hopkins)起，他的政治經濟學是一千八百二十二年出版的，正在李嘉圖的傑作刊布五年之後）。霍布頃斯恐怕是霍格斯頃(T. Hodgskin)之誤，霍格斯頃在一千八百二十五年刊布一種小册子名爲保護勞力反對資本的要求（Labourdefended against the Cloims of Capital）書中含有勞力是價值的泉源等意見。這種原則是很簡單的，並且似乎能有成效，所以便非常動人心目。這種原則爲舊經濟學所認可，爲社會主義家所應用，爲馬克思所採納。這種原則如果是講演於李嘉圖派的經濟學家之前，是一種不可辯難的反證論；但是在歷史的事實之前，便沒有立脚之地了。然這種原則却是馬克思學說中的柱石，這眞是他的學說的大弱點。他的贏餘價值論是他的資本主義制度史中一種最動人的要素。他自己最可原諒的地方，就是他這說是從舊派的經濟學中抄來的。

昂格思將他的朋友馬克思的成績總括攏來，分爲兩大發見——（一）唯物的歷史觀，（二）

暴露資本主義利用贏餘價值的生產之祕密。 唯物論是世界上一種很老的學說。 現在一般有能力的思想家都拋棄這種學說，我們在這裏也無容討論。 至於說社會上一切制度文物，如哲學宗教之類，也包含在內，都當藉經濟上的要素說明出來，這是一種誇大之詞，是不待煩言的。 歷史是紀載人類向許多方面活動之事實的。 人類已經做了各種事業，凡這些事業雖當看作一種有組織的全體，然他們却各有一種實在的和獨立的價值。 要想藉一部分去說明全體，是絕對不可能的事。

然馬克思使大家對於歷史中很重要的經濟方面加以極大的注意，這是他的一大功績。大家對於人類生活中經濟的要素非常疏忽，就是一般哲學的歷史家對於此點也非常疏忽。這種疏忽，半由於經濟方面缺乏材料，半由於歷史家的僞職務觀，而主要原因，就在他們都是一種上等階級，他們沒有特別志願去研究那些不時行的題目，如和下等社會每日勞動有關係的事體之類。 於是歷史的眞因都被大家忽略了，或完全誤會了，各種事實結果的眞因本深藏在人民的經濟生活裏面，然大家却從任意擬定的或想像的行為之中去尋找，這種實例也不知道有多少了。我們現在才知道歷史中的大部分應當在這種新光線之中，重行修改一次。

現在我們對於馬克思將開始批評。他因爲抱一種唯物的歷史觀，所以他對於社會必經之途徑所持的議論，常含有一種宿命論(Fatalism)在裏面。但是他關於革命的願望所持的議論更加果決，實超過他這種議論之上。我們看見他這兩方面都是言過其實的。他的學說中最著的特點就是他對於行爲中革命方法的效能，過於重視。他心中所想的社會發展，是有很大的歷史上的破敗，和激變，及災害跟着出現的。他的學說中這一類的特點，是很可訾議的，然這些特點在他早年的著作中非常顯著，而在共產黨宣言中尤甚，就是他以後半生也仍然是免不了這些弊病。按照他最後的學說，將有一種極大的革命之禍災，去結束資本主義的時代；他這種說法，應當視爲那種卽刻跟着出現的社會和平時代底一種極不好的準備。他以爲無產階級受壓制，服苦役，以致於退化，現在這種革命事業須他們去完成。這種無產階級去做一種這樣偉大的歷史上的職務，能夠做得好嗎？能夠有所成就嗎？

馬克思過事專斷，而持論又太偏於抽象的一方面，在他的研究和描寫事物的方法中這種弊病極多，這是他的學說中一種重要的缺點；這種缺點在馬格思所稱為他的第二種大發見中尤特別顯著——他的贏餘價值論。

我們如果回想馬克思一生事實和他的經驗中種種重要的情形，那麼，我們對於他的論旨將更加容易領會。我們已經知道，當他六歲的時候，他的全家由猶太教而改信耶穌教，他因此便失掉了他的祖宗的舊宗教信仰中種種遺傳，而又沒有習慣於新宗教信仰中種種遺傳。馬克思和許多處境相同的猶太人一樣，所有以前的種種遺傳對於他都不發生影響，所以他對於觀察世事實具有一種無偏無黨的資格。他的稟質極高，而學問又極深，他在歐洲應當可以做一個最自由的首領。他實行做事的精力也不亞於他的聰明學識。

然馬克思畢竟採納哲學中一種狹義的唯物論，這眞是一樁可惜的事。他本是一中最嚴厲的評家家，然他在一種很早的時候，毫不審愼，便採納那種爲亞丹斯密和李嘉圖所倡的價値論，並且當他後半生的時候，他便毫不遲疑。將這種學說應用於一種極大的思想系統的建說上，和社會主義的傳播上，這種社會主義的傳播就是要引起全世界的革命。這種學說也是一種尚未成熟的獨斷之見，在人類思想上常有極大的和不良的影響。

馬克思從他的法學博士的祖先所得的遺傳性，很有影響於他的奇異的思想方法，我們如果潛心去觀察他這一點，這也不算是全然涉於幻想。他的爲人非常敏銳，非常精細，他做事非常詳盡，甚至因過於詳細，反至不眞實，他分別事物，無微不至，常因此流於抽象和故意矯揉造作一方面，凡這種特點是歐西思想方法中所沒有的。依照猶太法學博士的習慣，而應用這種邏輯於革命的唯物論上，眞算是別開生面的。

我們知道當馬克思的心性正在未定的時候，黑格爾的哲學在德國正得勢；而依照最自由的和最純潔的歷史觀講起來，研究黑格爾的學說，不能夠說是研究歷史的一種好訓練。認眞說起來，要研究歷史對於客觀的事實。須具一種謙遜的態度，在學校中的哲學這種態度是不容易遂到的。

馬克思是一個德國人，他受了黑格爾派的陶冶；他一生大半從事於勞苦的私人事業，流亡於外國，並且反對當時極占勢力的種種意見和制度。他雖是一個主張唯物論的人，然他却不十分注重事實和歷史。當我們讀他的著作的時候，我們便覺得他書中的事實常和他所要採納的種種公式互相衝突。

亞丹斯密是政治經濟學的開創者，他起初也是一個空論家；但他是一個蘇格蘭人，當時所有最有能力的蘇格蘭人都爲法國思潮和普通常識所陶鑄。他不是和馬克思一樣去從事革命，他是表同情於一種時機已到的主張，而馬克思所代表的主張不獨時機未到、並且他這種主張還沒有達於十分明瞭的程度。講到學問和哲學上的力量，馬克思比亞丹斯密要更高一等；但是論及合於歷史上的道理之處，論及事實和實體，亞丹斯密比馬克思便强得多了。在亞丹斯密的傑作中，我們看見哲學是爲事實，歷史上的知識，和眞知灼見所支配的。馬克思在他的著作許多最重要的章節中，一味專憑自已的意思，矯揉造作，他硬將他心中所抱的種種公式應用於歷史的事實上。無論這種弊病是在黑格爾的哲學中，或是由於馬克思不善應用這種哲學，然有一樁事是毫無疑義的，就是這種哲學的影響已經使馬克思的著作受了極大的害處，如果不是這樣，他的著作或者已經成爲一部極好的歷史著作了。所以我們只能夠直說馬克思的歷史著作並沒有達到最高的歷史觀。他這種著作缺乏自由的見地，清晰的觀察，同情，和公正，這都是最好的歷史的成功，所必須備具的。馬克思的歷史著作是用作極力宣傳一種主義的東西，所以這種著作便不能不爲他所擔任的職務所擾亂。

我們對待歷史的方法，務必承認歷史上的事實和人物，一如他們本來的面目。事實是實在的；而歷史上的人物不是理想中的人物。馬克思當和別人一樣，只能行動於人類所能及的範圍之內。他一生的大事業，一則是喚醒世界的無產階級，使他們懂得他們的地位，職務，和命運，二則是發現科學上種種事實，使人類發展中的新時代，得由各地工界創造出來，並且促其前進。這是一種很複雜的事業，在這種事業之中，科學和實行應當並重；而純粹科學上的歷史研究，因與一種狂熱的和革命的實行合在一處自然是受累不淺。

馬克思從事於革命事業，這不是他的過錯，這是無待我們煩言的。自他出生以後，德國一班富於獨立性和創造力的人，都迫而變成革命家了。 馬克思對於歐洲當時的反動力從不主張讓步，從不主張調和。 他在利蒙廟中(The house of Rimmom)從不頂禮膜拜。在人類思想史上，像他一樣的人不顧阻力如何强大，不管環境如何絕望，一直往前，毫不變更他的路綫；直是罕見罕聞的事。 一般輿論對於他沒有一點效力；凡無聊的情緒，和溫柔憐愛的弱點，在他的强傲的個性中，都沒有絲毫痕跡。

馬克思自以為他所擁護的主義是天下的眞理，是人類中最大的事業，他求貫徹他的主張，便冒了種種危難，毫不怯顧，他一生光陰，都消磨於此，我們看見他這種事實，如果不以最誠懇之詞，對他表示極端的敬意，那就未免可鄙可恥。 當他努力進行他的大事業之時，他那種誠實，勇氣，自制，和熱心；經過許多年的艱苦，受過許多人的指摘，仍然是始終如一，即此一端，便足以表示他具有英雄的品性。 他的秉賦極高，他的思想和動作都勝過當人，如果他要肯走入世間自私自利的康莊大道，他在普魯士國中，或者已經居極重要的地位了。 平常一般人都相率趨於專制主義(despotism)和非開化主義(Obscurantism)，以便自圖私利，馬克思非常輕視這種主義，他做無產階級之科學上的擁護者，努力奮鬪，艱苦備嘗，至四十年之久，而在這四十年之中，他多半是流亡在外國。世上人大概都是喜歡生活於安樂榮耀的境遇之中。至於像馬克思一樣，經過四十年的苦難，不屈不撓，勇往直前，世上具有這種英雄氣概的人；恐怕就不能多見。

講到學問，哲學上的銳敏，和文學上的力量，馬克思在十九世紀經濟學的思想家中不居第二。他似乎是一切經濟的學問之主人翁，他並且精於邏輯學，他極善應用他的邏輯於經濟的學問上。但是他的特別長處，還在他對於近世工業的技術發達和經濟發達所具的知識；及他對於社會發展中種種趨勢所具的眞知灼見，這種趨勢是由技術的要素和經濟的要素而決定的。他關於這一方面的種種學說無論是對的或是不對的，然從他這種學說所發生出來的許多問題，在將來許久的時期中，一般經濟學的思想家不能不加以極大的注意。馬克思所以成爲一個科學的經濟學家，不是因爲他的贏餘價値論，但是全在這一點上。

上面批評馬克思那些話固然是正當的，但是還有一層，他的偉大的功績是因他在近世經經濟運動中是一個科學的研究家，和資本主義時代中一個哲學的歷史家。　現在一般有名的研究家都承認歷史——經濟的歷史在內——是許多有次序的現象之連續體，凡在連續綫內的各種情形都有種種特別的事實和傾向標明出來，凡我們現在所鄙棄的種種法律和原則，以前都是歷史上必要的，正當的，和眞實的。　依照這種歷史發展中根本上的原則，所有種種組織和法制以前是很重要的，以前在人類進步中，構成一種時期，現在或逐漸發生矛盾和流弊出來，變成老朽不中用了。　凡經濟上社會的和政治的組織，在一種時代中，是人生生活上有進步的和適宜的法制，到了後來這種組織便變成人生生活上的障礙物和桎梏了。　馬克思派說這就的確是現今經濟制度的情形。　現行的種種組織，使地主，資本家，和工人立於自由競爭之下，發生許多矛盾和流弊出來了。　以前這種組織，增進了社會的生命，現在還是這種組織，便使他窒息幾至於死去了。　他們以爲我們現時最重要和最有力量的傾向是趨於一種程度更高的範圍更廣之社會的及經濟的組織——就是趨於社會主義。　我們相信他們這一說就是社會問題中心點。　馬克思在歷史上的地位就全靠他對於解決這一點有多少實在的貢獻。

當馬克思在世的時候，他的意見就有實現於兩種運動中的表徵，這兩種運動在最近的歷史上占重要的位置——國際工人協會和德國社會民主黨。馬克思在國際工人協會中從開創時就是一個重要的首領；而德國社會民主黨雖是由拉塞爾發起的，然不久便入於馬克思的勢力範圍之內了。馬克思親作國際工人協會開始式的演說詞，並且草擬黨中的章程，他的論調比較一千八百四十七年直言不諱的共產黨宣言要更溫和一點。然沒有多久的時候，潛伏於這種運動下面之革命的社會主義，便忽然得勢了。國際工人協會對於馬克思給他一種很好的機會，使他得傳播他的主義，這是毫無疑義的。國際工人協會和德國社會民主黨的命運，將於以下兩章中大體說明出來。

第八章　工人國際協會 (The International Workingmen's Association)

現在勞働問題已經成為一種國際問題，這是支配一切之歷史的勢力中一種不可免的結果自有歷史以來，人類中便有許多團體發生國際上的關係。 尼羅（Nile）河及幼發喇底斯河（Enphrates）的兩岸，是世界文明最早的發源地。 希臘人及菲尼西亞人（Phoenicians）將這種文明輸入於地中海沿岸。 羅馬人從希臘人中承受這種文明，又加以他們自己的一種極有價值的文化，將他輸入西歐和中歐各國。 凡羅馬人所統治的國家，耶蘇教會都跟着他們散佈各處，但是這種機關不限定於羅馬帝國以內，即羅馬版圖以外，他也到處傳播耶教。

在沐受希臘羅馬文化和耶蘇教教化的國家中，常有一種特別的國際上的同情：凡種種觀念和組織大概都是彼此相同的。 封建制度和教會，武士制和十字軍，論他們的影響都是屬於國際方面的。

那個時候和現在的情形是一樣的，凡種種重要的意見和大運動，都不能以國家的範圍去限制他。 在歷史發展和進步的時期中，種種至高無上的事業已經特別使人類高出於種族成見之上，並且已經有許多原則將他們聯合攏來了，這種原則比較使他們分成各民族的原則，要更寬大些，更高深些。

當十六世紀宗教大革命的時候。德國人聯合瑞典人和法國人去敵抗他們的同國人。普通耶蘇教教會(The Catholic Church)這個名詞，一見就知道他的意義，他從古至今是一個極大的國際上的機關。

十八世紀的開化含有一種國際上的影響，當法國大革命的時候；世人因爲非常關心於政治上和社會上的自由，一時便將愛國的常情打破了。德國人呀，意大利人呀，甚至於英國人呀，有許多場所，都預備在他們自已的國中，以法國革命勝利的代價，去實現一種較好的制度，使大家享受幸福。然這種情形是一時的，後來法國革命的熱忱便爲新法國自圖私利的人所利用——這種熱忱變成一個抱極端自利主義的人之器械。

在我們這個時候，蒸汽和電報已經成爲一種國際大運動的傳達機關。所有人類現在所做的各種大事業，比較從前，規模更大——如宗教，科學，文學，和技術等。

在社會普遍的發展之中，商業和工業自然也包在裏面。我們要找出這椿事的證據，只須向任何種日報中考察各種大市場和交易所的成績就成了。在圍繞英格蘭銀行(The bank of Endland) 的一小段地面之內，所有財政上的交易事務，對於全世界有極大的影響。就是一個平常的國民一頓極簡單的早餐，也是一種國際上的大職務，因為須有許多國家的生產物相合攏來，作為他的早餐，去滿足他的慾望。

從十八世紀中葉以來，近世工業的方法和應用在英國已經發達了。沒有幾年以前，英國是新工業中一個最大的代表，也差不多是新工業中一個唯一的代表；然到了現在，凡是沐浴過歐洲文化的國家，都有這種新工業，就是歷來閉關自守的東方各國，也漸次習慣於這種新工業了。在各國的資本家中，產業競爭逐年利害起來了。以前的生產物大半或全體是供給地方之需要的，現在他却要尋找一個極寬廣的市場。

勞力在工業中是第一種要素，他在上面所說的那些情形之中，便具有種種最重要的國際上之勢力和關係，這是我們所不必驚訝的。他反抗資本主義，必定要根據國際的地盤，將他的意見宣佈出來。在最近六十年的自由競爭之中，一國廉價的勞力常常將別國昂價的勞力壓下來了。愛爾蘭人，德意志人，比利時人，和意大利人，時常使英法兩國工人對於提

社會主義史　上卷　一九〇

高生活程度的努力，歸於無效。　歐洲人移居美洲，繼續不止，遂使美洲勞力受一種壓迫。中國人和東方別的民族生活程度稱低，便使美洲和澳洲的工人大起恐慌。　現在正在東方所組織的大工業，將來對於西方的工人和資本家，一定同是一種極大的危險。

有許多國的資本家久已竭盡智謀，用各種明言的或默認的方法，共同聯合攏來，保護他們自己，敵抗範圍極廣的自由競爭所生之種種結果。　一般作工的人看見我們所指出來的事實，看見這種先例，爲什麼他們不想法子去整理他們國際上的種種利益呢？

有許多人爲復古派的政府所放逐，流亡在外國，他們便竭力從事於國際的勞働組織，將新思想的種子輸入外國，將同一志趣和同一命運的人聯合攏來，想盡法子要把他們共同的壓制者一概推倒。　著名的國際工人協會（The International Association of Working Men）大半是由這種流亡在外國的人所發起的。

當一千八百三十六年的時候，有一羣德國亡命之徒在巴黎組織一種祕密的社會，名爲公正者同盟會（The League of the gust），他們的黨綱就是共產主義。　他們因爲和一千八百三十九年在巴黎所起的暴動有關係，遂移到倫敦去了。他們在倫敦遇見北歐各國許多工人，在這些國中，德文是一種普通的語言文字，因此他們的同盟會便起首含有一種國際的性質。

他們的同盟會所經過的變遷也不止這一樁事，一般會員起首覺悟在現時情形之中，他們真正的義務不是嘯聚黨羽，去製造陰謀詭計，也不是結合多人去從事革命的暴動，他們真正的義務是竭力傳播他們的主義。這種同盟會的基礎，就是偏於感情的共產主義，這是以們所守的格言「人類都是同胞」(All Men are brothers) 一句話做根據的。他們見了馬克思的學說，他們才知道無產階級的解放一宗是要用科學的真知去做引導，使一般貧民懂得他們自已生存和歷史的情形；他們才知道他們的共產主義的確應當是一種革命的共產主義，但是這種革命一定是要和社會發展中種種不可逃避的趨勢相符合的。馬克思這種學說中主要之點，就是種種經濟上的組織足以支配社會全體的組織，所以在社會發展中第一樁要緊的事，就是改變種種經濟上的組織，這一說現在在他們的同盟會中有一種很深的印象。

這一羣亡命者現在和馬克思互相交通，至一千八百四十七年他們在倫敦開一次會議，會議的結果就將他們的同盟會改組，更名爲共產黨同盟會（The Communist League）。這種同盟會的宗旨，在他們的憲法第一條中已經概括說明出來了；「本會的宗旨是在推倒有產階級，使無產階級握掌政權，剷除基於階級爭鬥的舊社會，而建設無階級制度和無私產制度的新社會」。

馬克思和昂格思兩人受同盟會的委託，將他們的黨綱作成一種宣言，這就是那種共產黨宣言書；這是距一千八百四十八年二月革命之前不久發佈出來的。我們要想把這種宣言的精神和目的描寫出來，最好將一千八百八十三年這本書再版的時候，昂格思所作的序子寫出幾段在下面：——

「唉！這種宣言此次出版的序子，務必要我一個人簽名啊。馬克思對於歐美兩洲工界全體盡力之處，比較別人更多——他現在長眠於高門（Higlgate）他方的墳墓中，他的墳上已經長出草來了。自他死了以後，這種宣言沒有訂正過，也沒有增加過。所以現在我必須明白陳述如下。

「這種宣言書中最透徹的意思是：經濟界的生產和由這種生產所生出來的各種歷史時代之社會的組織，是構成這種時代之政治史和思想史的基礎；於是（自古代土地公有制消滅以來）人類的全部歷史就是一種階級爭鬥的歷史——在社會發展之相異的時期中，被掠奪階級和掠奪階級互相爭鬥，受治階級和治人階級互相爭鬥；但是這種爭鬥現在已經到了一種危急的時期，被掠奪和受壓迫的階級（無產階級）如果不同時將社會全體從掠奪，壓迫，和階級爭鬥中一勞永逸地救出來，他們便再不能夠脫離掠奪和壓迫階級（有產階級）的羈絆；——這種透徹的意思全是馬克思一個人單獨想出來的」。

「所有各種社會的歷史，從古至今，已經是一種階級爭鬥史」。 這句話就是這種宣言的鎖鑰。 「但是現代有一種顯著的特點，就是這種爭鬥已經由繁變簡，成爲兩種階級對峙的形勢；人類全社會漸漸分爲兩個互相敵視的大營寨，兩個互相衝突的大階級，就是有產階級和無產階級」。 這種宣言的大部分是這兩種階級的一種註釋和討論，所有他們所以發生出來的歷史上的情形，所有他們過去，現在，和將來相互的關係，都說明出來了。

要想將這種宣言簡單剖解出來，這不是一件很容易的事，並且也無簡單剖解之必要，因爲在馬克思那一章中，我們已經有了一種見解和此相同的記載，並且那種見解還要更完備些，更含有哲學上的思想。　這種宣言含有一個少年革命黨如火如荼的精力和熱忱，他的主義就是馬克思的主義。這種主義是以一種粗率的，誇大的，和激烈的言詞宣佈出來的。　這種小冊子既是作爲傳播一種主義的武器，那麼，我們便不能夠希望他說理陳詞的時候，具有一種自制的和緩的態度，或是一種明白的觀察，或是一種公平裁判的善意，這些東西是一種嚴正歷史的敘述所必具的。

工資鐵律是用一種最強硬和最誇張的言詞說明出來的。　創造這種鐵律的人對於別人說他們願意剷除私有財產這一種挑戰，他們便答道，依一個人自己的勞力所得的私有財產，已經是被剷除了。　現在他們所願意剷除的東西是資本家利用別人勞力的制度。　他們對於別人說他們要打破家庭制度這一種挑戰，他們便向那種有產階級反詰道，你們也這樣說嗎！

你們利用一般婦女和小孩子在工廠中作工，你們已經將家庭制度打破了、有了這種原因，賣淫和通姦等事非常流行，家庭中維繫之物已經弄斷了。　他們對於別人說他們要消滅愛國心這一種挑戰，他們仍是出以同一的態度，不肯承認，他們說：工人沒有國家。

這種宣言是由一班流亡在外國的青年擬出來的，他是一千八百四十七年做成的，沒有多久之前，英國和歐洲大陸勞働情形的黑幕才揭穿出來，這是一種最初的調查，凡有人心的人，見了這種事實，都應當懷一種痛恨之心，我們如果忘記了上面這些事實，那麼，我們便不能夠了解這種宣言。

這種言宣既是工人第一次國際聯合的宣言，所以他在歷史上特別重要，大家對於他也應當特別注意，　除此以外，他是十九世紀最著名的宣言中之一種宣言。

昂格思說，「當二月革命幾星期以前，共產黨宣言正送往倫敦付印。　從那個時候以後，他便遍游世界了。　他差不多被人譯成世界各種語言文字，在許多情形相異的國家中，他仍然是視爲無產階級運動的一顆明星。　共產黨同盟會的舊格言「人類都是同胞」一語，現在却用「各處貧民都聯合攏來」這一種新戰聲去做他的替身，這一句話便明明白白將階級戰爭的國際性質宣佈出來了。過了十七年，這種新戰聲又驚動全世界，因爲國際工人協會將他當作他們的格言，到了現在各處貧民軍已經將他寫在他們的旗子上面了」。

我們已經知道一千八百四十八年的革命是法蘭西，意大利，德意志，奧大利和匈牙利的人民反對舊式政治上的組織和制度所起的一種運動。這種運動對於共產黨同盟會的作爲未免生了幾分阻力；因爲這種會的勢力太薄弱，對於當時各種事業沒有多大的影響；但這種運動對於同盟會的會員也是一種機會，因爲他們因此都得重返祖國，當這種騷擾時代在德國許多地方以發生民主主義努力奮鬥，很占優勢。

自革新運動的反動力戰勝以後，大家都知道有效力的革命活動之希望暫時又已經消滅了。一種未曾有的工業繁盛時期現在起首出現。資本主義正達於一種發達更廣的情形，這是以前沒有見過的；這種事實很足以表明當時對於因無產階級的利益而從事於傳播主義的活動，是很不順利的。當資本主義對於前進的社會發達已經成爲一種障礙物；當資本主義的組織顯然是過於薄弱和狹小，不足以供更遠大的發展之用，那麼，反對資本主義才有成效可言；馬克思和他的一般黨徒都是這樣推想。所以馬氏便從實行活動的舞台之上抽身出來，回到倫敦，從事研究學說。工人第一次國際聯合到了一千八百五十二年遂告終止。有許多思想深遠的觀察家都以為這種運動已經消滅了，再沒有復活的希望。

但是一千八百四十九年復古派政府的勝利不是解決革命時代所起的各種大問題；他不過是將這些問題延擱在一邊罷了。不到幾年，歐洲人民又開始在舊式政治組織的縛束之下，騷動起來了。一千八百五十九年意大利反抗奧大利的變亂；普魯士自由黨反抗政府的爭鬥；普王和畢士馬克決意藉普魯士軍隊之力毀棄德意志舊同盟，建設一種統一的德意志——凡此等事都是一種新進步的表徵，不過這些表徵所具的形式各不相同罷了。不久在法蘭西，西班牙和東歐洲也有同樣的活動跟着出現，這些事體足以證明歐洲人民的歷史是一種有機體的運動，而這種運動所達到的程度及所生的功效，常足以擾亂一般政客的預謀和先見。自一千八百四十八年以後，各國政府處處都受牽制，不得不將革命時代人民替他們代擬的政治計畫，見諸實行。

社會問題和剛才所說的政治運動似乎只有一種很疏遠的關係，然社會問題的復活却是歐洲不能遏制的新生活中一種另外的表徵。　拉塞爾所發起的德國社會民主黨和在馬克思庇蔭之下而出現的範圍更廣和價值更大的國際工人協會都是一種明顯的證據，指出歐洲許多先進國的工人階級現在打算在人類的道德方面和物質方面要求一種較優的待遇。　我們現在要將名副其實的國際工人協會的發生撮要說明出來。

國際工人協會所以得到一種發生的機會，第一當歸功於一千八百六十二年倫敦萬國博覽會(The International Exhibition of London)。　法國工人送了許多代表來參觀這種博覽會。　法皇對於國人此次參觀，非常贊成，並且極力幫助他們；巴黎有許多著名的報紙也熱心鼓吹，以為這一次參觀不獨是使工人知道博覽會中工業上的寶藏之一種方法，並且兼剷除兩國關係中歷來釁隙和忌妒的種子之一種方法。　當法國代表參觀博覽會的時候，英國一班同志在共助會會館(The Freemazons' Tavern)中歡迎他們，雙方在此處將關於勞働利益的一致，和共同增進勞働利益的必要等事，互相交換意見。

一年之後，法國工人的第二次代表又越海來英。拿破崙三世對於一千八百六十三年的波蘭變亂，起了一種自私自利之心，他的政策中有一部分是鼓勵輿論表示同情於西歐各强國干涉波蘭一事。在這一次英法兩國人會見的時候，所有關於波蘭復興和反抗資本而謀勞働利益的公共會議等事的意見，都發表出來了。然直到一千八百六十四年他們才有一種決絕的舉動，是年九月二十八日，萬國工人大會在倫敦地方聖馬丁大廳(St. Martin's Hall)開會。畢士烈教授(Professor Beesly)在會中當主席，馬克思也親自到會。這個會的結果就是指派臨時委員會草擬新聯合會的憲法。這種委員會是由各國五十個代表而成立的，而英國人約居半數。當這個委員會第一次開會的時候，所籌得的錢數只有三金磅，國際工人協會的財政起初的數目是非常之少的，然這種協會將來却要震動全世界了。

起草憲法的職務最初是由意人馬志尼(Mazzini)擔任的，但是這位意大利愛國家的意見和方法，與創設國際勞働協會的事業，實不大相宜。他所草擬的章程適合於政治上的詭謀，是以一種極強大的中央集權爲準則的，這是他一生精力所注集的地方；他極力反對階級爭鬥；他對於經濟上的見解是很含糊不定的。反之，馬克思對於最有進步的勞働運動，表示極大的同情——這種運動大半的確是由他製造出來的，並且是由他指導的；所以起草憲法的職務現在便落在他的手中。凡他所擬的開始式的演說詞和種種章程都由委員會全體採納了。

在這種開始式的演說詞中，有三點是特別注重的。第一，馬克思力爭自一千八百四十八年以後，工業和國家財富的發達雖然極速極巨，然大衆的疾苦沒有減輕一點。第二、每日十點鐘工作的爭議既已成功，這就是表明中等階級政治經濟學的破裂，而供給和需要之自由競爭的行動，須以社會管理去調節他。第三，許多勇於作爲的人所創設的生產協會，已經證明大規模的工業而輔以近世的科學，無須資本家的存在，能夠見諸實行，毫無防礙；並且工資勞働（Wage-labaur）和奴隸勞働（slaue-labour）一樣，工資勞動不過是一種過度的體制，在共同勞働（associated labour）之前，一定是會消滅的，因爲這種共同勞働可以使工人作工勤勉，使工人的精神喚發，使工人的心中快樂。

工人的數目甚多，這就是他們成功的方法，但是成功的實現非由工人互相結合不可。國際工人協會的職務是使工人有效的結合實現出來，因爲要達到這種目的，一般工人務必將國際上的政治事業攬入他們自已的手中，務必監視他們政府的外交，務必確守關於個人和國家的道德上簡單的規則。「這樣的政策的爭鬥，構成工人階級解放的爭鬥之一部分；各處的貧民啊；大家快聯合攏來」！

國際工人協會章程的序言，含有國際社會主義各主要的原則。工人在經濟方面屈服於據有作工工具的人之前——就是，屈服於據有生活根源的人之前——這樁事就是各種苦役的原因，就是社會上的疾苦，智力方面的退化，政治上的倚賴之原因；工人階級經濟方面的解放是一種最大的事業；凡政治上的運動均當附屬於這種解放的下面；工人階級的解放不是一種什麼地方問題，也不是一種什麼國家問題，但是一種社會問題，要想解決這種問題，非各先進國人民通力合作，必然沒有成效可言。

「國際工人協會是因爲這些理由而創設的。他的宣言如下：

「凡屬於本會的各社會和各私人，須承認眞實，公正，和道德三者爲他們對於彼此行爲的標準，所有人類都沒有種族，宗教，和國籍的區別。　世間應沒有盡義務而不享權利的事實；也應沒有享權利而不盡義務的事實）。

序言中主要的意見就如上文所說的；我們只要把這種意見發揮出來，我們便知道國際社會主義的綱領。　凡序言中所包含的學說，無論我們對於他是否眞實和是否可以實行的意見如何，然我們對於馬克思描寫這些學說所用之流利的和巧妙的文體，總應當存一番敬意。像馬氏這樣顯著的才能和學問，專用在一種蔓延極廣的運動上，在世界的歷史中，眞是一樁不可多見的事體。

國際工人協會所以創設，是因爲要在工人協會中，組織一種聯合的中心點和一種有統系的共同協作，而這些工人協會都是抱定同一的宗旨的——就是，工人階級的保護，進步，和完全解放。　如果大家認這種會的組織爲一種專制的中央集權的組織，那就錯了。　這種會是一種聯合的方法，是一個報告和着手增進關於勞働利益的中心點；凡要和他相結合的各種社會，還是維持他們自己的組織，不受搖動。

國際工人協會在倫敦設有一種總會議。凡會長，會計員，和祕書長當以英國人充任，而各國則用一個通信的祕書在會議中代表一切事務。這種總會議(General Council)須召集每年常會；並且對於國際工人協會中一切事務，爲一種有力的管理，但是各地方的社會對於各種地方問題，有自由處置之權。有許人因爲要有一種更進一步的聯合方法，遂贊成各國工人應當各有一種全國的聯合團體，以全國的中央機關爲代表，但是無論那一處獨立的地方社會，都不能夠受絲毫限制，使他不能和總會議直接互通消息。國際工人協會的措施，在一方面鞏固中央指揮權的效能，而在他方面又允許地方和全國各聯合會一種真正的自由，並且使他們對於他們地位上的特別任務，有很大的活動之餘地。

馬克思對於創設國際工人協會固然是出力最多，他對於指導國際工人協會也擔負一部分主要的責任。凡各種會議所進行的事項，可以說是對於他所草擬的國際工人協會開始式演說詞和章程中所含的計畫作一種討論，解釋，和執行。有許多代表蒲魯東（他死於一千八百六十五年）派，布浪葵（Blanqui）派，和巴枯甯派的人，也占很大的勢力，但普通一般趨勢總是和馬克思的意見相同的。

第一次議會將決定國際工人協會的憲法，原來是想於一千八百六十五年在不律塞開會的，但是比國政府禁止這種會議，於是總會議便不得不在倫敦開一個評議會。第一次議會於一千八百六十六年九月在尼李洼開會，有六十個代表出席。馬克思所草擬的章程爲會中所採納。會中議決用一種騷動的方法將每日工作時間漸次減至八點鐘，又擬定一種極詳盡的教育制度，這是知識和技術兩方面並重的，這種教育一定可以使工人的程度高出於上等階級和中等階級的水平線之上。會中所有社會主義的原則不過是用一種最普通的條款規定出來的。關於勞働一事，國際工人協會並沒有製作一種涉於空想的制度，他不過將許多普通的原則宣佈出來罷了，他們的目的在乎自由的共同協作，因爲要達到這種目的，國家中積極的權力務必從資本家和地主的手中轉移於工人的手中。

法國代表提議將屬於智識階級的貧民屛諸國際工人協會之外，這種提案便引出一種有趣味的討論。這種貧民也被承認在工人之中麽？　凡屬於這一種階級的說客和騷動者大都是懷抱野心的，他們已經做過許多很壞的事體了。反之，將這一種人屏諸社會主義的活動之外，一般勞動者便失了許多替他們服務的大首領，並且屬於智識階級的貧民，受資本的壓迫，和別的工人階級是一樣的。　將智識階級的貧民的屏諸協會之外，這種提議，遂被否決。

第二次議會於一千八百六十七年在盧薩（Lausanne）開會，此次議會關於造成社會主義的學說有極大的進步。　會中議決要打破各大公司獨力壟斷許多運送機關和交通機關，須將這種機關改爲國家的產業，因爲在各種公司之下，役使勞力，遂使大家的人格和身體上的自由受很大的損害。　這種議會鼓勵共同協作的社會和增加工資的努力奮鬥，但是他却極力促起大家的注意，要他們預防危險，當擴充這種社會的時候，須和現行的制度不相違背，不然；他的結果必致造成一個第四種階級，並且造成一個完全困苦的第五種級階。　要想將社會改革徹底並且確實完成起來，只有完全依照互助和公正兩種規則，對於社會全體作一種繼續的努力。

至一千八百六十八年九月，第三次議會在不律塞開會，在這一次會議之中，凡以前社會主義的原則是隱約含在國際工人協會的宗旨中和宣言中，現在却明白說明出來了。有九十八人代表英格蘭，法蘭西，德意志，比利時，意大利，西班牙，和瑞士諸國出席於此次議會中。會中議決凡鑛山，森林，土地，和一切運送機關，及交通機關，都應當作爲社會的公共財產，或是民主主義之國家的公共財產；凡這些東西都應當由國家交給各工人協會，而一般工人應當在社會所決定之種種合理的和公平的情形中，使用這些東西。會中又議決一般生產者只有藉協作社會和互相保證制度之力，就能夠取得各種機器，互相保證制度這一種主張，顯然是對於蒲魯東黨徒作一種讓步。這種議會自提議組織一種更完善的同盟罷工的計畫之後，又回轉討論敎育問題，大家以爲要實現一種完善的，科學的，職業的，和生產的；敎育制度，却有一種惟一不可少的條件，就是縮短工作時間，他們對於此事，特別注意。

「凡勞力的全部生產物，應當爲勞力所有」，這種根本的原則在下面的議決案中是被承認了：「凡建設於民主主義原則之上的各社會不承認資本所利用的各種東西，無論這些東西是借用一種租金，利息，利潤的名目，或是借用別種名目。勞力應當具有全權，他應當享有全部的報酬」。

此次議會對於在法德兩國間臨近眉睫的戰鬥，鄭重宣言，以爲這好像俄國所常起的一種內亂，並且要求各工人反抗各種戰爭，認他做一種有組織的殺戮行爲。會中贊成遇有戰事發生，當用同盟能工的方法去相抵制。他要求各處工人對於這種抵抗戰爭的同盟能工，當作一致行動。

至一千八百六十九年國際工人協會在巴塞爾(Basel)開第四次議會，他對於社會主義的宗旨，再沒有規定之餘地。將土地由私人手中變爲一種集產這一條議決案，現在又重行聲明一次。有人提議剷除財產相續權，但是沒有得到大多數的同意，因爲雖有三十二個代表投票贊成剷除這種制度，然有二十三個代表投票反對這種議案，並且還有十七個代表拒絕投票。

我們現在如果從國際工人協會的歷次議會一事轉而考察他在歐洲所占的勢力的歷史，我們將看見他的成功是非常之大的。 英國工聯(English Trade Unions)於一千八百六十六年在協費得(Sheffield)開會，會中有許多代表所組織的評議會，極力催促工聯和國際工人協會互相聯絡；於是國際工人會對於英國工聯的會員是常予以實力的幫助，阻止歐洲大陸廉價的勞力輸入英國。 一千八百六十七年巴黎製銅的工人因要求增加工資，爲工廠主人所解散，國際工人協會極力援助他們，此舉也得到一種實在的成功。 當一千八百六十八年的上半期，南部德意志有一百二十二個工人社會在努倫堡(Nuremberg)開會，宣言和國際工人協會互相結合。 至一千八百七十年卡墨蘭(Cameron)通告他是八十萬美洲工人的代表，這八十萬工人已經採納國際工人協會的原則。

國際工人協會卽刻散布於歐洲東方各處，如波蘭和匈牙利等；他和各種社會互相聯絡，他在西歐各國創辦各種報章雜誌，專門鼓吹他的主張。 歐洲報館中各重要報紙機關對於他的運動非常關切，極表同情；泰晤士報(The Times)對於不律塞議會刊佈四次社論。 然國際工人協會被大家猜疑，都以爲他和歐洲各種革命的運動及騷動都有關係，因此他在世界的史上便得了一種惡名，都以爲他是一種推翻社會和毀滅社會的集中點。他的權勢與其說是由於他實在的勢力，不如說是由於他所代表的主張是很可以見諸實行的，因此便可以號召大衆。他的組織是不很堅固的，他的財源是很枯竭的；凡歐洲大陸各聯合會會員和他互相結合，多半不是要去幫助他，但是希望他幫助。

至一千八百七十年，國際工人協會決定會於革命運動的老中心點巴黎地方，每年常會就在此處舉行。這種計畫因法德戰爭遂沒有成爲事實。然這一次戰爭却大有助於國際工人協會，使他的種種原則在世界上更加顯著。當一千八百六十六年奧德戰爭的時候，國際工人協會已經鄭重宣布戰爭的罪惡；現在德法兩國中各同志的社會和倫敦總會議都嚴重抗議，反對戰禍的復起。國際工人協會的德國會員中有許多人倡言反對本國合併亞爾莎士(Alsace)和洛林(Lorraine)兩洲，因此便觸了政府當局之怒。

國際工人協會所代表的勞働界之民主主義對於宣佈戰爭的罪惡，是非常迅速的，並且是非常勇敢的，這是將來一種可喜的預兆，無論什麼人都將承認此說。他使我們心中懷抱一種希望，就是民主主義的勢力既布滿於各國的公會中，那種喜歡戰爭的情慾或至於衰歇。對於戰爭這種大題目，除了工人以外，沒有人具有一種更好的資格可以發言，因爲在各種時代中，那種黷武精神所弄出來的禍災和痛苦，一般工人受害最深，而由戰勝攻取所得之悲慘的榮耀，他們又絲毫沒有分。

一千八百七十一年法國地方自治團在巴黎所起的暴動，世人都誤會他和國際工人協會有什麼關係。其實國際工人協會對於這一派既沒有助他發起，也沒有替他指揮；會中的法國會員雖有許多人和他結合，然這都是由他們私人負責，與協會無關係。國際工人協會事後和巴黎地方自治團志同道合，這是很顯明的。自這一派失敗以後，馬克思以總會議的名義做一篇很長的並且很鋒利的宣言，稱贊他在實質上是工人階級的政府，他的各種計畫眞正是要增進工界的利益的。「工人的巴黎和巴黎的地方自治團將永遠被人讚頌，視爲一個新會中有光榮的先驅。一般死難的義士將常記着在工人的心裏。歷史已經將那些殲滅這一派的人釘在犯人架上；而他們的牧師圍着架子祈禱，想救出他們，是沒有效力的」。

巴黎地方自治團所起的暴動是因爲爭巴黎的自治權，這是毫無疑義的，他此舉得到下等階級的助力最多。他對於巴黎的民主主義所發生出來的過分之中央集權，作一種抗議，巴黎比較法國各省時常要占優勝位置，並且自德人攻襲巴黎以後，巴黎便擁有武器。但是此次亂事固然是要求地方自治，然他也是反抗資本階級經濟上壓迫的一種革命。他的計畫中有許多地方是我們所稱爲社會急進的計畫。

在巴黎因爭地方自治而起的變亂，有兩種重要之點，是和社會主義最相接近的。第一，這種變亂是一種反抗國家或中央政府的革命，他是以地方自治爲社會中主要的原則。這就是說巴黎地方自治團所要求之政治上的組織，是社會主義的發達所不可少的，就是工人的一種自治團體。第二，這種地方自治團所起的變亂，無產階級當時加入的占大多數，這種無產階級是社會主義所擔任特別保護的，他們在巴黎不很懂得拯救他們自己的方法，但是對於他們所受的壓迫非常厭惡，並且對於中等階級中一班投機者非常憤怒，因爲這一班人自法蘭西帝國傾覆以後，便襲據中央政府，任意妄爲。

如果說這種地方自治團抱有一種明瞭的和遠大的宗旨，那便錯了，因爲他們實在沒有什麼確切的宗旨。我們如果說他們對於大家所要求加於他們之歷史上的使命，他們自己知道，那便是不對的。法德戰爭的高壓所發生之可怕的激動，自然使法國人心中非常紛亂不定；而一班擔任指導大衆的人無論是在巴黎或是在別處，都須從國家的恢復一途苦苦地去索摸他們的路綫。當時法國不能夠說是有了一種正式的政府，於是地方自治團便趁了這個機會，要使一種政治的新轉機實現出來。我們希望如有人要著他們的眞正行動史，那麼著書的人須在感情和成見已經十分下降之後才可動筆。他們的興亡故事不過是許多不幸的煩惱和禍患中一方面罷了，幸而這些煩惱和禍患不是常時在這樣可怕的形式之中，降臨於世界各國的。

從這一點看起來，國際工人協會的衰落和傾覆一定要開始了。英國的工聯專注意於國內實在的利害關係，對於國際工人協會種種措施，從來沒有多大的興味；德國社會主義家自己不相統一；並且缺乏基金，又爲警察所壓迫，不能大有所爲。

國際工人協會最壞的仇敵只怕還是在他自己的家裏。一千八百六十九年巴枯甯和一羣無政府黨徒歸入國際工人協會起初他們便和馬克思所率領的大多數人互相水火。我們也不能說馬克思是很喜歡中央集權的，然他的意見和方法自然是完全爲一般無政府黨徒所嫌惡，於是決裂之事遂不能夠避免。

一千八百七十二年九月當海牙（Hague）議會的時候。兩方決裂之事遂發生出來了。開會時有六十五個代表列席，馬克思也在其內，馬氏和他的黨徒經過一番氣勢洶洶的討論之後，便將無政府黨逐出會外，後又將總會議移到紐約（New York）。此次議會在阿姆斯特丹（Amsterdam）開一次會議之後，便閉了會，開會時重要的特點就是馬克思著名的演說。他說，「在十八世紀的時候。一般君主和王公時常在海牙集會，討論關於他們朝代的利益。在同一地方我們現在決定開勞働的裁判會」——這種對照以及出現於世界歷史上的武力，確鑿指出時代的推移。「他不能夠否認，有許多國家，如美國，英國——就他所知道的國家組織中說起來荷蘭也在內——的工人，用和平的方法，能夠達到他們的目的；但是在歐洲大多數國中，武力的確是革命的一種方法，如果時機到了，他們務必要訴諸武力」。從此處看起來，馬克思的原則是，和平的方法如果可以達到目的，便用和平的方法，但是當必須用武力的時候，便當使用武力。　武力也是一種經濟上的勢力。　他末了就表明他的決心，在將來的時候，和在過去時候一樣，他一生精力務必專注於社會的主張上面，務使這種主張得到勝利。

馬克思的國際工人協會之總會議從倫敦移到紐約，這就是這一個會結局的見端。　這個協會苟延殘喘，到一千八百七十三年在尼孛洼再開一次議會，於是便斷氣了。　那種自稱為自治黨徒的破壞派是巴枯甯所統率的，他們的歷史是一部血史。　這一派的計畫我們將在無政府主義一章中知道他的詳情，至於他的大略就是要推翻現行的一切組織，而以自治為基礎，將各種制度，重行改造一番。　這一派于一千八百七十三年在南部西班牙大起變亂，以求實現他的計畫，同時他的黨徒在巴斯洛那（Barcelona），塞維爾（Seville），卡地（Cadez）和卡特機那（Cartagena），建設他們特別形狀的政府——他們在最後所說的那處地方又襲據西班牙的鐵甲艦隊中一部分。　西班牙國軍費了許多氣力，才將這種變亂削平。　那些自治黨徒氣息奄奄，一直到一千八百七十九年才不見了。

國際工人協會主要的和實在的目的，是要做各國工人通力合作的共同中心點，使他們達到普遍的解放。然他的成功却很有限。並且不過是一時的成功罷了。他所抱的宗旨是一種很大的理想，但是實現這種理想的時機尙沒有成熟。千百萬工人國籍不同，社會發達的時期不同——大家言語不通，一點兒閒功夫也沒有，並且缺乏游歷的資金，和宣傳主義的目的，他們既是在這樣的情形之中，怎樣能夠爲一種有效力的組織呢？然他們這樣努力去求達他們的目的也是不能免的；因爲勞働含有最重要的國際上的利害之關係，這是無須我們反覆重說的。有許多人或者仍希望這樣的努力應當再現於世界上。但是國際工人協會所籌擬的大計畫至少也可以說是時機未熟，並且他使一般工人不注重於實行的方法，但集精會神於很遠的目標上，甚至於集精會神於烏託邦的目標上，使他們從事於時機未到的革命計畫，即使這些計畫都是爲大家所企望的，然國際工人協會的勢力也是不夠實行的。

然在一種重大的運動之中，實行第一步是很關緊要的。國際工人協會所做的事業，實已超過第一步。　他在世界之前宣佈一大主張——貧民的主張，千百萬受痛苦，被壓迫的勞動人民的主張。　他是一種傳播機關，他宣傳一種能夠繼續發達的大主張，所以他在世界歷史上占重要的位置，他所宣傳的教訓，各國政府和人民都可以學習的。　他的大使命是從事於傳播他的主義，關於此點，他得到極顯著的成功。　馬克思和他一班黨徒的意見多半是藉國際工人協會之力，傳播於世界的。　各國政府最怕社會革命，最反對社會革命的各原則，然他們對於國際工人協會所發出來的種種問題，不能不加以注意。　這種運動是不會停止的；他經過許多年之後，將以種種方法，要求全世界的注意。

國際工人協會雖然是死去了，然使他出生的種種勢力仍是活潑潑的。　他所宣傳的種種原則仍然是為大衆所注意的。　他將一大堆問題置諸世人之前，使他們去研究去經歷並且從疑惑，爭鬥，和痛苦之中去追求，一直到得了一種很好的和有利的解決才止；這是我們所熱心希望的。

有許多人努力去解決世界種種問題，常因這種事業過於偉大，他們的力量簡直是絲毫不能相稱，然我們不當因這種事實便生一種失望之心。人類起首爲這種大努力的時候，就好像小孩子在黑暗之中索摸路綫一樣。然一個時代的失敗，時常指出以後一個時代中成功的路道。國際工人協會在一種非常困難的形勢之中，努力去做世界上現代的一種大事業。他的成功不過是一部分的成功，關於此點我們也無須驚呀起來；凡他所遺下的教訓，將大有裨益於將來，這是我們信得過的並且是我們所希望的。

從實際上說起來，國際工人協會不過是受了暫時的朦蔽罷了。遍佈全世界的各種社會主義的社會，仍然深知他們所從事的運動，是一種含有國際性質的運動。他們雖然沒有一種正式的組織，然他們却代表同一階級的要求和熱望，具有公共的同情，並且是求達同一的目的。他們行爲的方法雖各大不相同，甚至於他們所抱的主義也各相異，但是他們都覺得他們在歷史的奮鬥和趨勢中，是屬於同一的潮流。

國際運動在代表各國的種種議會中，即刻又開始出現。一千八百七十七年在干城(Ghent)所開的議會，即是一個例，不過他沒有什麽很顯著的特點。一千八百八十九年七月十四日是巴士梯（Bastille）獄傾覆的百年紀念日，當時在巴黎所開的議會，比較以前所有社會主義的議會要大得多啦。　當時因爲主義不同的緣故，共有兩種議會，一種議會是代表很强硬的馬克思派的，一種議會是由於溫和派的代表而成立的；他們是願意和別的民主主義的黨派協同動作的。　但是這兩種議會中主義的差異，也並不是什麼界限判然的；他們中間相異之點，大半起源於私事，而經手發出請帖的法國社會黨尤大有關係。　當時所以生出不和睦的事，是由於查驗會員的委任狀時，態度不對所致的。　兩種議會都主張一種有力的集產主義，並且同時都催促籌出保護勞動的種種實行的方法，如星期日休息和每日八點鐘工作制等等皆是。　馬克思派議會是由三百九十五個代表而成立的，溫和派的議會大約有六百個代表；都是由世界各文明國家中派出來的。

國際議會以後便繼續開會，一千八百九十一年，他在不律塞開會；一千八百九十三年在齊利池（Zurich）開會，一千八百九十六年在倫敦開會。　在不律塞和倫敦所開的議會是毫無秩序的，這多半是由於大多數出席議會而具有無政府黨同情的代表所鬧出來的，這椿事很可以證明工人的國際機關和歐洲的列强會(The Concert of Europe)一樣，都是沒有預備向前進行的。

世界既爲工人的國際機關所震動，又將爲各國政府之國際機關的計畫所驚駭了。 一千八百八十九年瑞士政府提議由與工業競爭上最有利害關係的各國，組織一種關於勞動的國際公會。 當一千八百九十年的上半期，德皇發出諭旨，中有一條含有同一的提議，於是這種問題又有了一個新局面。 德皇所舉出來付討論的事件，自然是工人的國際機關所要辦的事件中一小部分。 保護成年人勞動一事，除了在礦山中勞動外，是屏諸公會的事件之外的。 星期日勞動，保護婦女，小孩子，和未成年人，諸事，是會中主要的問題。 這種公會極希望各文明國照他的議決案施行，關於此事雖沒有達到目的，然他對於各國保護勞動的立法，却予以一種不可少的和有利益的激刺，這是毫無疑義的。

這種公會的重要結果，就是各國政府承認勞動問題是非常重大的，並且承認這種問題具有國際的形態，是不能夠再漠視的。 我們希望這種事實就是世事日趨於佳境的一種見端。

我們還希望在人類進化之中，勞動界的困乏和權利問題，除戰爭和外交諸種關懷的事件外，將占一重要位置，到了最後，戰爭和外交事件都消滅了，勞動問題將要據他們的位置。一般工人在各文明國選舉中，勢力逐日增長。工人的義務，是向各國政府請求允許他們正當的要求，使他們所想望之圓滿的佳境能夠早日實現。

第九章　德國社會民主黨(The German Social Democracy)

我們要想懂得近世德國的發達，我們一定要回憶他的歷史上幾種重要的事實。德國的歷史大概是一種分崩離析的歷史，這種現象到了宗教改革(The Reformation)時代，便愈加利害，因爲宗教改革事起，德國國內宗教分爲兩種互相爭鬥的教派。這種宗教上的爭鬥在三十年戰爭(The Thirty Years' War)中，激烈達于極點，而由他所發生的災禍也非常慘酷。

德國民族本來稟質甚高，在進步的事業中，他們狠具有一種超越別人的資格，然畢竟有這樣可怕的災禍降臨于這樣優秀的民族，在世界歷史中，恐怕再沒有這樣的一椿事體，即或有這樣一椿事，也是罕見罕聞的。德國在三十年戰爭中，無論那一方面——經濟上，政治上和道德上——都受了損傷，一直到現在他還沒有十分恢復原狀。　因爲國內的分離和虛弱；便引入外國的干涉和壓迫。　好幾世代以來，法國的根本政策是助成德國的分離，使他自己得在西歐維持他的霸權。

普王大腓烈特力(The Great Frederich)的戰勝攻取，德國大著作家——雷生(Lessing)石藥(Schiller)和哥德(Goethe)——的著作，他的大哲學家——康德(Kant)費西特(Fichte)碩寗(Schelling)和黑格爾——的著作，及一千八百一十三年自由戰爭(The War of Liberation)的猛烈爭鬥，都足以使德人驚起，回復他們的國家觀念。　但是德國國內仍然是不相統一，並且他的工業上的組織遠遜于英法兩國。　封建制度一直到十九世紀過了許多時候仍然存在，而在亞爾柏(Elbe)河以東一帶地方封建制度尤非常盛行。　機力紡織器也沒有輸入國中；就是在進步最快的萊因地方，到了十九世紀的中葉，才有這種機器。

德國人民對於自由戰爭的結果非常失望。　一般國民和農夫自脫去法國羈絆以後，都覺得他們以前對於國家具有一種熱忱，便不惜流血，不惜花錢，到了現在，他們這種熱忱是毫無益處的。德國一班王公將勝利的結果都據爲己有，而向來的種種惡習，在舊制度之下，仍然是流行不止的。國內惟一的大改良事業就是他的世仇法國人在萊因地方所興辦的各種事業，這是德國政治上的反動力所不敢剷除的。

德國一般優秀分子在這種情形之中，心裏便漸次有一種極不滿意的傾向，這是勢所必至的，我們也不必大驚小怪起來。一個祖國在國內既不統一，在國外又毫無勢力，一般王公貴族厲行專制主義，養成一種卑諂之風，對於社會進步橫生一種阻力；德國在文學上和哲學上已經是很有聲譽，而現在各種退化的方法和組織盛行於國內——國事壞到這樣的地步，一個愛國的人如何能夠滿意啊？有了這種情形，於是德國在一千八百四十八年革命的騷擾中便占一主要的部分。當時在維也納（Vienna）和柏林兩處，一切舊制度一時都推翻了；德國並且在佛朗克佛召集一個國會。但是德國一般改革家不相聯絡，他們沒有什麼很明瞭的宗旨，他們並且缺乏實質上的力量。那種政治上的反動力本是出其不意，忽然被推倒的。但是當一般自由黨人正在紛紛議論之際，他卻指揮他的有組織的軍隊和他們爲難。當這種紛擾的年歲尚沒有過完的時候，復古派在維也納和柏林兩處又完全占勝利了。於是德國又入於一種毫無希望的黑暗時代。　國會旋被解散了。　有許多與此次亂事有關係的人，或是遭殺戮，或是被幽囚。　一千八百四十九年，瑞士計算共有一萬一千德國人在他的國內避難，其中一大部分後來逃往美國，便以美國為家了。　這一次騷動在人類煩難的進步中，似乎是一種失敗。

但是這次騷動也不算是完全失敗。　這一次騷動至少也證明了許多舊組織是不能夠再行保持的，這些組織中間或者應當剷除全部，或者應當剷除一部。　政府當局覺得對於自由主義作一種讓步是很緊要的。　於是有許多舊封建制度都廢除了。

還有一層，中等階級和工人階級都具有一種新精神，他正在等候那種一定會來的時機；以便活動。　過了幾年之後？當創造今日德國的種種勢力開始活動，於是時機便來了。　在這種新形勢之中，中等階級和工人階級能夠攜手共進到什麼地步為止，這是一種很有趣味的問題。　社會民主黨人時常歸罪於德國自由主義，說他從來沒有一點勇氣，或一種決心，倡導各種進步的勢力，去抵抗政治上的反動力。　社會民主黨人以爲在一千八百四十八年革命的爭鬥之中，德國自由黨人對於工界，從來沒有開誠相見，當他們要在政治上的反動力和一般貧民所擁護之民主主義的政策二者之中任選一種的時候，他們却願意和那種政治上的反動力通力合作，所以他們便叛背這種神聖不可侵犯之進步上的主張。　近來德國的政治史大半就轉入於這一個問題。　這個問題範圍很廣大，內容很複雜，要想將他正確解答出來，只有依據歷史上的情形，將種種事實，詳細審查一番，然後下一種判斷。

中等階級在英法兩國都完全勝利了。　工業上的革命自然是使中等階級得到權勢，然這種革命出現於德國的時候，比較出現於英法兩國要遲得多啦。　當一千八百四十八年，德國的中等階級仍然是在幼穉時代，他們既沒有一種眞知灼見，又沒有實質上的資財，足以倡導民主主義，去反對那種政治上的反動力，得到成功；但是他們即或有這些東西，要想他們實行這樣去做，這也不是一種合理的希望。

此外。德國工界跟着他們法國同志的模樣，時時預備闖入革命的途徑之中，未免也有過當之處，因此便引起一般頭腦清爽之人的驚駭和疑惑，因此便使那種合乎情理和希望無窮的進步的主張，受一種莫大的打擊。在人類中有一派人願意闖入革命的途徑之中，有一派人對於通常含在自由主義名義之下的事件便非常滿足，在這兩派人中間，遲早總會分道而馳，這是毫無疑義的。如果說他們分離太早，那便是沒有理由的。倘若他們能夠向抵抗他們公共的仇敵——封建制度和政治上的反動力——那一條公共的通路上走，各人取各人的路線，互有利益，那麼，爲什麼他們不應當這樣做呢？

不幸德國自由黨人和精力健全的社會民主黨人沒有共同的道路。他們分離極早，這樁事本可以說是不能免的。社會民主黨人主要目的在普通選舉，當那個時候，在德國舉行普通選舉和在法國舉行普通選舉，情形一樣，都是將國內保守主義(Conservation)愈加鞏固了。普通選舉在德法兩國中都是使一般農夫和鄉民得到選舉上絕大的權力，而這一般農夫和鄉民大概是在復古派權勢之下，他們的人數比較城鎮中人口又要超過許多倍。德國自由黨人不願意實行普通選舉，因爲此事對於他們沒有利益。他們待遇一般工人和工人的領袖沒有十足的禮貌或敬意。他們只想利用一般工人做他們的附屬品，他們最優待的辦法，就是利用一般工人做倚賴他們的聯合者。倘若一般工人不願意受這種待遇，他們便預備和工人分離。

一般工人都不願意受自由黨人這樣的遇待，他們於是轉而推戴拉塞爾，此事的結果，我們已經大略說過了。當年代向前推移不止，自由黨人和社會民主黨人分離的程度便愈加增高，而一般傾向民主主義的工人，便變成社會民主黨人了。這樣的分離，對於德國健全的政治上的發達，可以視爲一種極有妨礙的東西。反之，這樣的分離，便生出一種結果，就是德國中等階級從來沒有一種決心和定見，去指導民主主義向一個眞正自由的德國可以立足的途徑進行。德國中等階級所行的政策，是盡力和復古派講和，這樁事一半是出於他們的選擇，一半是由於他們所處的地位不得不是這樣去做；一般社會主義家說這樁事就是因爲中等階級物質上的利益，去犧牲民主主義的理想。「中等階級的叛逆」，「中等階級的放棄職權」，這是他們當民主主義運動開始時在歷史上所占的地位：這些話語將社會民主黨人歸罪於德國中等階級時所用之最壞的詞句；都總括起來了。

反之，一般工人以爲依照歷史發展自然的公例，有許多人至少應當做他們一時的領袖，現在這一班人却捨棄他們，毫不介意，於是他們便不管時機成熟與否，一心聽從抱有革命見解和做過革命事業人的說話，這種人就是拉塞爾和馬克思等；他們在這種情形之中，遂構成一種革命黨，有許多地方；種這革命黨對於德國人生活中主要的潮流，還沒有一種有裨益的和有組織的關繫。老實說，這種現象是由於中等階級和工界互相分離所演出來的一種反動力。

我們已經知道全德工人聯合會是拉塞爾在一千八百六十三年所創設的，現在我們將回轉去說明這種會的歷史。到了一千八百六十四年拉塞爾便死了，這個聯合會的會員共有四千六百十人，論起人數是很少的，但是我們務必記憶，這個會存立剛才十五個月。

拉塞爾在他的遺囑之中，推薦倍克（Bernhard Becker）做他的繼任者；然倍克對於這種煩難的職務，實在完全不相宜。當創設這種聯合會的時候，大家以爲最好會長應當可以行使一種特權。　如果當拉塞爾在職的時候，這種辦法或者是適當的。　要想得到一個資格相當的人，來主持會務，這不是一樁很容易的事。　在這樣一種新組織之中，我們也不用說，自然是沒有幾個有能力的和有經驗的人。　所以拉塞爾要選擇一個人，而人才的範圍却非常狹小。　他的黨徒中最能幹的人就是石衛次(Vou Sohweitzer)石衛次本出於佛朗克佛貴族，但是他的名譽却非常之壞，德國一般工人會拒絕他，不和他往來。　倍克於是被選爲會長，他雖用全副精神指導會中一切事務，然他的智能實在不足，不能勝任愉快；而同時拉塞爾親密的朋友哈茲費爾德伯爵夫人又恃他的財富和他在社會上的地位，獨攬聯合會的財政權，他這種行爲是德國一般自重的工人所不能夠滿意的。　當那個時候，聯合會中弄得亂七八糟；而一般重要會員又互相猜忌，互相爭鬥。　全德工人聯合會正在一種毫無能力的幼穉時代，這樣的爭鬥適足以阻礙他的進步；然他們如果去詳述這種爭鬥，也沒有什麼用處。

倘若我們具有幾分同情，而又毫無偏袒之心，將全德工人聯合會的事業加以考慮，我們便知道如果他是在別種情形之中，他所做的事業，眞正不能夠說是出乎自然。　我們可以實心去考究，德國工人現在是從一種何等卑賤的景況中努力向上。我們應當記着，無論是在地方政府或中央政府裏面，他們都是沒有分的，所以他們對於政府中一切事務是沒有經驗的。好幾世代以來，工人沒有集會之權，在一個自由的會議中，他們沒有自由發言之權，他們甚至沒有自由遷徙之權。他們如果向左方或向右方移動，警察和法庭便卽刻出來干涉他們。他們沒有可以相信的領袖。如果說德國一般工人在社會活動和政治活動方面，無論什麼事情，都須從新學習，這也不是一種過分的話。在這種最困難和最不定的情形之中，他們須形成一種合於他們的利益和理想的政策；他們須求得一種彼此互相認識的方法，須研究怎樣通力合作的計畫，並還須找出許多可信仰的和有能力的首領來指導他們。

在萊因河流域薩克遜（Saxony）和細列細亞（Silesia）中許多工業繁盛的地方，各種不可名狀的痛苦和墮落之事，非常之多。男子，婦女，和小孩子，每天須作工十五點鐘。自工業革命以後，機器輸入國中，於是手藝勞動受了一種不堪言狀的痛苦，遂消滅了。德國手藝勞動和工廠勞動因為英國很有進步的機器工業和他們競爭，壓迫他們，遂使他們都感受痛苦。

在德國工人的命運中，既沒有一線光明，復無一種希望，而又缺乏一種引導力。　凡那些代表國家和教會的人，凡那些代表法律和學問的人，凡那些應當負責任指導他們的人，時常是站在壓制他們的人的中間。

拉塞爾具有一種雄辯的口才，和健全的精神，他覺得要將德國工人從痲木和絕望的境遇之中拯救出來，非常困難，我們看見上面種種事實，對於拉氏所覺得困難之處，還能夠驚訝起來麼？　在這種沮喪的情形之中，而倍克又是一個很平常的人，他遭了失敗，這也不是一椿什麼特別可羞辱的事體。　倍克擔任會長之職，期限很短。　後來托爾克(Tolcke)繼他的任做會長，托氏是一個很有能幹的和很有精力的人；但是當他就職的時候，聯合會的光景實在不能樂觀，　會中基金不過六邃列。或十八先零。　如果財政要是成功的標準，那麼，拉塞爾所創設的聯合會眞正是陷入衰落的狀況中了。

在全德工人聯合會早年的歷史中，社會民主報(Sozialdemokrat)是他的一種最有聲色的特點，這種報是石衛次於一千八百六十四年年底所創辦的，馬克思和昂格思都任投稿人之列。但就是在此處地方，聯合會的惡運也出現了。石衛次對於畢士馬克做了許多論說，他所發表的意見，那兩位寄住英國的革命家馬克思和昂格思見了極不滿意，於是他們兩人公然宣布和這種報斷絕關係。石衛次也學了拉塞爾的模樣，如果四週的環境對於社會民主黨是有利益的，他便預備和普魯士的保守黨（The Conservatines）握手。馬克思和昂格思看見這種政策，便很不高興。他們以為石衛次對於進步黨人（The Progressists）表示有力的反對，遂要求他對於封建派和復派古也當表示同一有力的反對。石衛次要求他自己應有按照普魯士國情決定方略之權，因為他對於普國情形，比較流亡在外國的人，要更加熟悉一點。石衛次在社會民主報中做了許多社論，說一個社會主義家對於所宣傳的學說，可以抱一種有聲有色和含蓋一切的見解；但是世界上一個具有眞知和經驗的人，當全德工人聯合會和德國社會主義的主張，正在歷史上一種最危急的時候，他將做一番有效力的事業。

當那個時候，德國政治上的情形是最不定的，並且是最紛亂的，而全德工人聯合會須自已竭力在黑暗中去索摸他的路綫。　組織這種新機關的人都沒有共同行動的經驗，他們並且還須不辭勞苦去創造一種信條。　在這種情形之中，要想他們所持的政策向一條明白的軌道進行，這是一樁不可能的事。　到了一千八百六十六年德國在政治紛亂之中，有一種第一次的大進步，這正值畢士馬克於打敗奧國之後，組織北德意志同盟(The North German Confederation)的時候。　北德意志國會(The North German Diet)現在也開始組織，他是應用普通選舉的原則而投票選舉出來的。　到了一千八百六十七年第一屆北德意志國會集合開會；在同年之中，石衛衣也被選舉為全德工人聯合會的會長。　德國社會民主黨人對於國中的新現象將出一種什麽態度呢？　我們當答覆這個問題之前，對於社會民主黨方面所進行的大運動，須略說幾句。

全德工人聯合會的會員多半是屬於普魯士和北德意志人。　在薩克遜和南德意志地方，同時也發生一個新工黨，這一黨對於石衛衣下一種激烈的攻擊。　德國自一千八百六十年以後，新生活的勢力，盛極一時，一般工人受了這種影響，遂組織許多聯合會。　他們以為明明白自用政治上的目標去當作他們的職務，恐怕發生危險，於是他們的聯合會都採用工人教育聯合會（Arbeiterbildungsvereine）的名目。 在這些聯合會中，有許多會自附於拉塞爾，但是有許多會自始至終便和他疏遠。 有許多聯合會是在自由的民主主義影響之中創造出來的，他們的目的不是屬於經濟方面的，大概是屬於政治和教育方面的；但是我們如果要精確講起來，便只能說他們沒有什麽一定的目的，與其說他們抱有一種政策，不如說他們是正在尋找一種政策。 薩克遜人和南德意志人看見普魯士的勢力，圍着他們，一天一天增長起來，心中便非常懷恨，這也是的確的。

自拉塞爾創設全德工人聯合會之後，到了一千八百六十三年，有許多繼續盡忠於進步黨的工人聯合會在佛朗克佛組織一個總會，這個總會的目的是在防禦拉塞爾的勢力，使他不得侵入他們的中間。 但是這個總會却起首非常迅速向民主主義方面移動，他並且由民主主義方面轉入社會主義方面。 里布奈西(Wilhelm Liebknechf)和柏白爾(August Rebel)兩人對於這種結果，負主要的責任。

里布奈西當德國一千八百四十八年革命騷擾的時候，他曾從中實行活動，後來德國一班亡命之徒跑到倫敦推戴馬克思爲首領，他也是他們中間的一分子；他且並從馬氏學得國際革命之社會主義的種種原則。　他又加入拉塞爾的全德工人聯合會，但是他總沒有得到這位首領的完全信賴。　在里氏祖宗中最著名的人物，是馬丁路得（Martin Luther），他是出於德國家學淵源的中等階級。　他的朋友柏白爾是一個工人，當柏氏幼時，他的父母都死了，他變成一個孤兒，　後來在各種貧民學校中讀書。　他所學的職業是車工手藝，他又發憤自修，從不間斷，他那種勤勉和精徹的美德，是很可稱贊的。　他的藝能很好，又加以才幹優長，性情堅實，所以他在同伴之中，卽刻就有了一種極大的勢力。　沒有多久，他在德國工人聯合會中，便成爲一個有力的人物。

柏白爾起初不過是一個自信力很强的急進者，他對於拉塞爾那種雜有普魯士愛國思想的社會主義運動，並不中意。　然他的本性既是很精徹，又很勤奮，那麼，他從急進主義轉入社會主義這樁事，不過是一種時間問題罷了。　當他做德國各種工人教育聯合會代表的時候；我們看見他在幾年之內便轉入社會民主主義方面，而各種聯合會也一步一步跟着他向前進。　許多有力的會員卽刻發表他們贊成普通選舉的意見。　各種工人聯合會的總會於一千八百六十五年在司徒嘉德(Stuttgart)開會，宣佈贊成普通選舉，而他們的機關在同年之中，又用極着力的言詞，聲明捨棄舒爾慈代爾池的一切計畫。　到了一千八百六十六年工人聯合會的大會在薩克遜的開尼慈(Chemnitz)地方開會，他們採用一種黨綱，而這種黨綱在政治方面是完全屬於民主主義的，在經濟方面是開大步向社會主義那一邊走的。　至一千八百六十八年這個總會在如刀倫堡開會議，會員中大多數贊成宣佈他們總會對於國際工人協會的種種原則，極表贊同，一致採納。　到了一千八百六十九年他們又在萊生那赫(Eisenach)開大會，並且組織一個社會民主工黨(The Social Democratic Working Men's Party)，而在同年之中，他們又派送許多代表到巴塞爾參預國際工人協會的會議。　這個總會本是進步黨人想用作抵抗社會民主主義的防禦物，現在他却變成一條大路，使一般工人得由此馳人敵人的營寨中。

德國於是有了兩個社會主義的黨派，一個是拉塞爾的全德工人聯合會；他的會員大概都在普魯士，一個是萊生那赫黨（譯者按這就是社會民主工黨，因爲他是在萊生那赫地方組織的，故又名萊生那赫黨。）擁護這一黨的人多半都在薩克遜和南德意志。這兩派在北德意志國會中都有代表，有一次共有六個社會主義者在國會裏面。他們現在有了這個國會中的演講台，他們便可以向德國人民宣傳他們的主義；但是他們對於畢士馬克所給他們這種機會，並不特別感謝他。一千八百四十八年的革命之人所抱的理想，是在人民自由的行動之下，將德意志統一起來；畢士馬克雖統一北德意志而又輔之以普通選舉，然在這一班黨人看起來，他這樣的事業不算是圓滿的。石衛次以爲北德意志同盟是一種令人極不快樂，和極不歡迎的事實，但也是一種無可挽回的事實；然社會民主黨務必由這種事實中找一條路出來向前進行，如果他們願意繼續作一個政黨，他們務必以這種事業爲基礎，在上面構成一種極相反對的組織。

反之，里布奈西把北德意志同盟當做一種復古派橫暴的和背理的事業，他以爲這種事業是應當推翻的。他因爲要不使這種同盟得以鞏固，他遂拒絕實行參加國會中立法事項。

他不過藉國會中的演說台去宣佈他對於德國人民中一切新措置的抗議。據里氏的意見，畢士馬克這種建設就是使德國分離，使他貧弱，使他陷入苦境，將來歷史一定是會由他的荒跡之處經過的。

當一千八百七十年至一千八百七十一年法德戰爭的時候，德國中愛國的熱潮一時差不多將社會主義的運動淹沒了。當兩國戰爭開始之時，里布奈西和柏白爾對於戰時公債問題相戒不肯投票；他們對於魯普士的政策和拿破崙的政策都是一樣不贊成的。別的社會主義的代表如石衛次等都投票贊成戰時公債，因為他們以為拿破崙如果得了勝利，法國社會主義的工人就會被推倒，歐洲全土將入法軍的勢力範圍，而德意志也將土崩瓦解。但是自從法蘭西帝國傾覆之後，他們大家都投票反對再募公債，他們贊成迅速與法蘭西共和國講和，無須兼併法國的地土。這種意見無論是在德國政府或是在人民中，都不甚嘉納。有幾個社會主義的首領並且被捕，投入獄中。當一千八百七十一年德國國會舉行第一次選舉議員的時候，社會主義者只有十萬零二千票，共舉出兩個國會議員。

不久石衛次將他辭去全德工人聯合會會長一職的意思宣佈出來了。　他在普通選舉之時已經失敗了。　我們知道他居聯合會長之職，很喜專權，現在他的地位再不能夠維持下去了。　他和普魯士警察及法庭所起的種種爭辯，他在自己黨內所經歷的種種煩惱，他從反對派萊生那赫黨所受的種種侮辱和毀謗，他因為居會長之職所費的光陰，金錢，康健，和安甯，都足以使他不安於位。　他處理會中一切事務，老成諳練，洞識時機，以後繼他的任，做德國社會主義者領袖的人，顯然是沒有他這樣的才幹。　他於一千八百七十五年死在瑞士。

當一千八百七十一年的春季，法工界加入地方自治團在巴黎大暴動的消息傳來了。　德國工人在柏林，漢堡(Hamburz)，漢諸斐(Hanover)，諸列司登(Dresdon)，來比錫(Lo-ipzio)，和別的大市鎮開大會，他們對於法國的同志在此次戰爭中極力奮鬥，很表同情。柏白爾在國會中演說，他的演說詞中有一段如下：　「現在全歐洲無產階級和那些心中抱有自由獨立的感情之人，都注目於巴黎亂事，這是大家可以相信的。　倘若巴黎亂事暫時是被撲滅了，我希望諸君注意，在巴黎所起的戰爭不過是前哨中一點小事體罷了，在歐洲中主要的爭鬥，仍然是在我們的面前，巴黎無產階級所起的戰聲，向宮殿中挑戰，使小屋子得保平安，把窮困和游惰的事情一起除去這一類的話，不到幾十年，一定會變爲全歐無產階級的戰聲」。

當一千八百七十一年的戰爭狂熱壓平之後，社會主義的運動再又回復他的常軌，當時毫無節制的投機事業，和以後跟着發生之工業上的危機，便將這種運動加以培植。德國當一千八百七十四年選舉的時候，社會黨共投三十四萬票，舉出議員九人。

德國社會主義的運動自一千八百六十二年拉塞爾第一次出現於舞台以後，便步步有德國警察跟着在後。這種運動的首領常被懲罰，受監禁。各種會議常被解散，各種新聞紙和別的組織常受禁止。在演講壇或報館中自由發表意見也是極受限制的。

這樣的經驗，便使一班社會主義的領袖知道互相聯合去抵抗他們公共的仇敵，是有利益的，並且是必要的。石衞次於一千八百七十一年辭去拉塞爾所創設的全德工人聯合會會長之職，這一樁事將德國兩個社會主義的黨派聯合中最大的障礙物移去了。漢森格列衞(Hasenoleyer) 已經繼石氏之後，被舉爲全德工人聯合會會長，這個會早年是在一種專制的指導之下，這樁事對於會中是有益的並且是必要的，但是現在大家都覺得這個會的程度已經超過這種專制的指導之上了。 當時各種趨勢和影響都足以使拉塞爾的全德工人聯合會和萊生那赫黨互相結合攏來。 他們兩黨在同一的情形之中，抵抗同一的仇敵，求達同一的目的；他們除掉回想從前的舊嫌隙以外，眞正再沒有別的事情使他們互相分離，然他們因受了種種實際上困苦的壓迫，這種舊嫌隙都消滅了。

在這情種形之中，他們聯合的進程是很容易的，萊生那赫黨和拉塞爾的全德工人聯合會於一千八百七十五年在哥達開會，遂議決合併。 當會議之時，共有二萬五千個正式的會員派代表出席，內中九千人屬於馬克思派，有一萬五千人屬於拉塞爾派。 他們這個聯合團體取名爲德國社會主義工黨(The Socialistic Working Men's Party of germany)，他擬出一種黨綱，這是以前社會主義的機關所宣佈的黨綱中一種最重要的條規，這是應該全體抄錄出來以備大家參攷的。 參看附錄。

他們兩派這樣聯合攏來，是德國社會民主黨新興的發軔點。當一千八百七十七年德國選舉的時候，這個新黨差不多投了五十萬票，共舉出十二個國會議員。這種結果多半是由於傳播社會主義的機關組織完善的緣故。有一羣深於世故和才力兼長的運動家，在德國各市鎭中鼓吹社會主義，這種新學說並且輔以各種有效的東西，如新聞紙，小冊子，臨時論說，社會的集合，以至月份牌等等，他們在這種印刷品或會議中，將社會主義的教義灌輸進去，盡力推行。社會民主黨人在人口稠密之處——在柏林，漢堡，和薩克遜列及萊因河一帶的工業市鎭——勢將變成一種有勢力的黨派。

這一黨的進步既非常之快，而一班宣傳主義的人又採一種攻擊的態度，這種事實自然會驚動德國政府當局，使他們心中恐慌起來。於是他們決定以一種特別的立法來相對待。社會民主黨的黨綱對於以現在的國家爲基礎使之和平發達那種觀念，並不是什麼絕對不相容的。我們知道馬克思社會主義的原則是，社會主義的實現，全靠社會發展中自然的種種傾向；但是人類竭智盡能去通力合作，也可以促進這種實現的進程；這樣的通力合作或至出於革命一途，而在德國不論是在講壇上或報館中，這種通力合作竟取一種攻擊的和威嚇的態度、於是德國政府就要用種種方法去壓制他，這也是勢所必至的。

一千八百七十八年霍德爾（Hodel）和拿俾零（Nobiling）兩人前後謀暗殺德皇，這兩樁事一經發覺，便是一種制定反對社會主義法令的好機會了。這兩樁危險事業都不是社會民主黨所授意，這是不用說的。他們兩個人和這一黨都沒有正式的關係。他們的性情和智能都是很暗弱的。他們那種軟弱的腦筋，遇着四週正在醞釀的社會主義的學說，便受了一種激刺。社會民主黨對於他們的行爲不能更負何等責任，因爲他的主義和利益與這種暗殺事業完全是相反的。

自霍德爾謀殺事件發覺以後，德政府提出一種法律案，竟爲國會所拒絕。到了拿俾零謀殺事件發覺的時候，政府遂解散國會，將此事訴諸全國，而結果大多數國民都贊成有一種特別法令去限制社會黨。當德國大選舉的時候，社會黨人的投票從四十九萬三千減至四十三萬七千。許多嚴厲的反對社會主義的法律，隨即便爲新國會所通過了。

當國會因特別立法事件引起討論之際，內中有一個最有趣味的特點，就是畢士馬克的態度。 當時畢氏以一種令人起敬的披肝瀝膽之誠心，漸次談及社會主義這個問題，現在這位大政治家既不在世了，我們敍述這樁事出來是特別緊要的。 他覺得他的義務是將和他的職務有關係的種種事實加以研究，他對於全國注意的新社會問題和經濟問題，特別耐苦去領略。

當一千八百七十八年九月十七日國會開會的時候，畢氏表明他對於拉塞爾的同情及敬意毫不躊躇。 他說明他怎樣因拉塞爾的要求，和他相見三四次，他從沒有拒絕拉氏的請求。至於外面無稽的謠言，說他很願意和這位政治運動家之開談判訂立私約一事，他不肯承認，他表明他們兩人的關係，不能夠出於政治事件一途，因為拉塞爾沒有向他提議什麼事件，一方面既沒有什麼表示，那麼，便無談判可言。 他繼續又說，「但是就拉塞爾的私人資格講起來，他有一樁事使我非常稱羨。 在我曾經遇見之最聰明和最可愛的人中，他便居其一；他的野心是在大規模的事業上，然他却不是一個贊成共和主義的人；他心中所抱的極堅强的感情，是屬於國家方面和君政方面的，他所力求實現的理想是一個德意志帝國，所以關於這一點，我們兩人都作同一的主張。　拉塞爾的野心是在大規模的事業上；德意志帝國應當以霍黑濁列朝(The Hohenzollern Dynasty)相終古，還是尙有一朝拉塞爾，這樁事頗是一種疑問，然他的感情完全是屬於君政方面的。……拉塞爾爲人，精力旣强，而才智又極豐富，他的談話是很富於教訓的；我們每次談話總要經過好幾點鐘，當我們談話終止的時候，我時常引爲一種遺憾。……我如果有一個秉質這樣高，和天才這樣大的人做我的鄰主，我將喜歡極了。

我們現在應當添說一句；畢士馬克對於拉塞爾所籌畫的生產協會而輔以國家帮助的計畫，並不反對，因爲此事和他的主義沒有不合的地方。　這種實驗的自身，沒有什麽不合理之處，而畢士馬克又認國家應負的職務，和這種實驗是完全相符合的；但是因爲要進行一切政治上的事業，便沒有閒暇的功夫去實行這種計畫。　當我們離開這樁事實之前，我們還應當注意，關於普道選舉和生產協會而輔以國家帮助的計畫兩事，畢士馬克和拉塞爾都作同一的主張；他們兩人對於這兩樁事可以通力合作而各人都不致犧牲各人的主義。

當畢士馬克於一千八百七十八年九月十七日在國會演說的時候，他又表明他對於社會民主黨懷抱一種敵意的起源。　這一黨有一位重要的代表，不是柏白爾就是里布奈西會在公會之中，表示他對於巴黎地方自治團抱一種同情。　他對於地方自治團表示同情一事，足以使他自己一黨的性質愈加明白；畢士馬克從那個時候起，便完全相信社會民主黨是國家和社會的仇敵，他們應當預備去抵抗他。

我們已經知道柏白爾在國會中時常使用一種反對政府的言詞；而里布奈西對於表示同一性質之種種直爽的和強硬的意見也從不落柏氏之後。　這樣的意見不是起於一時的感情；他是表示一種定見，他很可以代表德國社會民主黨的種種信條。　社會民主黨人對於德國現行的制度懷抱一種敵視的意思，他們並且毫不遲疑將這樁事明白宣布出來。　在這種情形之中，不用我們說，他們自然會和畢士馬克所統治的政府互相衝突起來。

畢士馬克自己是一個普魯士貴族黨人(a Prussian Junker)，他雖成爲歐洲一位大政治家，然有許多地方，終身還脫不了貴族黨人的習氣。　他運用他那種絕代的銳敏之才，和堅强不拔的意志，使當時各種實力專注於統一祖國和回復祖國在歐洲列國中所應占之適當的位置這種大目的上。　用他自己的言詞說明出來，就是，他已經將德意志舉起來放在一個馬鞍子上面，他以後的責任是使德意志得保持他的位置，不再落下來。　然他完成他的事業中第一步所用的方法，對於完成他的事業中第二步，實在是不大相宜。

在現今統一的德意志國中，畢氏覺得有兩個仇敵似乎是要將他曾經慘淡經營的新組織加以危害，這兩個仇敵中一個是黑國際工人協會或激烈派 (The Black International, or the Ultramontane Party) 一個是紅國際工人協會(The Red International)或社會民主黨。　他便盡力使用他從少年所習慣的高壓手段，去壓制這兩國仇敵。　當德意志帝國成立的時候，他正是五十六歲。　他到了這樣大的年紀，要想他破除他歷來普魯士貴族黨和大政治家的習慣，採用一種政策，使德意志不獨成爲一個統一的國家，並且使他成爲一個自由的國家，我們要想他做這樁事體，未免對於人性的改變，希望太奢。

畢士馬克對於他所自願採取的途徑走得很遠，我們說這種話是很公正的。　他既是一個實行派的政治家，又是一個愛國者，所以他很願意德國一般人民都在他那一邊，大家幫助他。　他對於壓制社會民主黨所用的方法，都是一個自由和開明的國家所不屑用的，然當他實行這種方法的時候，他却自以爲是德國一個愛國者，做事非常認眞。　他的爲人是在他的門第，經歷，和地位的限度之內實行去做事的。　反之，社會民主黨人受了畢士馬克所代表之各階級的壓迫已經有多少世了。　他們現在懷一着肚子憤怒之氣已經從社會最下層的深洞中伸出頭來了，他們已經成爲一種有組織的黨派，要求將他們所受之世代相傳的壓迫除去。

畢士馬克所主張反對社會主義的立法，就這種情形看起來，不過是世間壓迫中一種新局面罷了。　要使這種壓迫告終，這樣的方法當時尚沒有十分顯露出來。

到了一千八百七十八年十月，反對社會主義的各種法律開始施行。　凡社會主義的新聞紙和會議卽刻就被禁止，而社會民主黨的機關也破裂了。　大概說起來，當這些法律施行之際，社會主義者在德意志國中，能夠自由發言的地方，就是在國會的講壇上，政府允許他們唯一存留的機關，就是他們的代表在國會中所組織的機關。　當年年向前推移不止，而柏林，漢堡，來比錫，和別的地方，分段偵緝的制度也成立了，於是那些警察對於懲罰或放逐一般社會民主主義運動家，和別的反對他們的人物，便盡力行使他們的職權，毫不退縮。

在社會民主黨人中一時便呈一種非常紛亂，甚至於恐慌的狀況。但是不久他們即覺得他們的結合和勢力不在乎什麼正式的組織上。馬克思曾經遺下一種教訓，就是工廠的組織一定會使無產階級的組織跟着出現。一種訓練極好的工人階級是近世工業發展中一種自然的和不可免的結果；倘若一般工人略有一點智識，知道他們的地位和使命，那麼，沒有一種法律的權力能夠妨害這種結果。因此，德國一般工人便有了一種覺悟，就是無論壓迫他們的法律制定時如何巧妙，施行時如何殘酷，他們所信賴的結合是此等法律所不能及的。

然他們大家却很覺得缺乏一種機關的痛苦，因此他們便於一千八百七十九年九月在利齊池創辦一種報，名爲社會民主報，這是社會民主黨一種德文的國際機關。從一千八百八十年起，卡斯天（Eduard Berstein）在這個報館中當主筆，他是一個極有能力的並且極精細的人。每星期中，這種報總有好幾千份往送德國去，德國警察雖盡力搜索，然德國一般社會民主黨人仍能夠取得這種報紙。　到了一千八百八十八年這個報館移到倫敦，他在此處繼續出版直到一千八百九十年德國取消各種反對社會主義的法律，他才停版。

畢士馬克竭力反對社會主義，顯然得到一時的成功，因爲自反對社會主義的各種法律通過以後，到一千八百八十一年第一次選舉，社會民主黨的投票力量減至三十一萬二千票。但這種投票力量的減少不過是一時的現象，不過他的外觀是如此，他的實在情形未必是這樣的。　當一千八百八十四年選舉的時候，這一黨投票力量大爲增加，他共投五十四萬九千票，到了一千八百八十七年又增至七十六萬三千票。　然一千八百九十年選舉的結果，便又大大地超過這種投票力量增加的表徵了，當時社會民主黨的投票漲至一百四十二萬七千票。這一黨現在在德意志國中是一個最有實力的單獨黨。

分段偵緝的制度在德國各大城鎮中都實行起來了，而在各最大的城鎮如柏林，漢堡，和來比錫等處，尤特別雷厲風行；然社會主義者在這些地方的投票都大大地增加了。　社會民主黨人自已承認一直到一千八百八十五年他們在各鄉村區域，或是在信奉天主教的城鎮及鄉村中，進步極緩。當一千八百九十年選舉的時候，他們在這兩種地方便有了極大的進步。這種選舉就是畢士馬克所行的壓制政策將要失敗的警鐘，於是各種反對社會主義的法律也沒有再施行了。

社會民主黨人在這種情形之中，和畢士馬克努力奮鬥；當反對社會主義的法律通過的時候，他們投票力量極小，後來他們畢竟以三倍當時的投票力量戰勝畢士馬克。他們這樣的努力奮鬥，對於社會主義的運動，是非常重要的。他們是很有忍耐性的，很有決心的，並且是很有訓練的，他們當沒有一種正式組織的時候，他們的心中和他們的目的上却有一種實在的和有效力的組織，這是自有人類社會以來，勞働運動史上所未曾有的。自拿破崙一世以後，畢士馬克是一個極有勢力的政治家，他操縱近世一個大國的財政，他有一個大報館擁護他，這個報館用這種種有利的方法使社會主義的運動，失掉信用；然社會民主黨人向來便堅强抵抗畢士馬克，毫不退縮；他們自構成一黨以來，從沒有因一時的激怒，以橫暴的行爲加諸別人。從實際上說起來，凡人類和各黨派擔負歷史上偉大的事業所必須具之各種優美的德性，他們通通都表現出來了。 德國社會民主黨的運動是我們現時一種最顯著的現象。

自從反對社會主義的法令停止以後，社會民主黨覺得他所應做的第一椿事就是把他自己家內弄得清清楚楚，秩序井然。 一千八百九十年他的黨員在哈雷(Halle)開一次議會、議決採用一種極簡單的組織。 每年常會構成這一黨最高的代表機關。 黨中行政組織是由兩個會長，兩個祕書，一個會計和兩個佐理員而成，這兩個佐理員是由七個會員所組成的管理部(a Board of Control of Seven members)所選擇出來的。 我們已經知道社會民主報已在倫敦發行，現在此報停辦，而柏林的進步報(The Vorwarts)遂被認為這一黨的中央機關。

到了一千八百九十一年他們在爾佛得開會，決定採用一種新黨綱，去代替哥達黨綱；這種新黨綱可以視為工人團體所公佈出來的社會民主主義原則中一種發揮盡致的表現，所以我們特在此處將這種黨綱的全部宣佈出來，以供讀者諸君的檢閱和研究。

「中等社會的經濟發展，因他的必然性遂使小規模的生產傾覆下來，這種生產的基礎就是工人以他的生產工具作爲他的私有財產。　因爲中等社會的經濟發展，便使工人失去生產工具，便使他變成一個沒有財產的貧民，而同時生產工具便變爲比較的人類較少的資本家和大地主的專利品。

「這種生產工具的獨占，又繼之以大規模的生產壓迫散布各處的小規模的生產，工作器皿變成機器，和人力的大增加數事。　但是由這種變化所生的種種利益，部被資本家和大地主所壟斷了。　這種變化對於一般貧民和陷在中間的各階級——小商賈和有產業的農夫——就是增加他們生活上的危險，增加許多禍患，壓迫，苦役，墮落，和掠奪等事。

「貧民的數目愈加增多，賦閒的工人的隊伍愈加擴大，掠奪者和被掠奪者的裂口愈加寬廣，而有產階級和無產階級的爭鬥也愈加激烈，於是這種階級爭鬥便將近世社會分成兩個互懷敵意的營寨，這種現象是各處工業地方共同的特點。

「貧富兩階級的鴻溝因爲由資本主義的方法而生產的制度自然發生出來的危機，把他越加弄寬了、這樣的危機所含的破壞力將愈加擴大，他將使普通的險狀成爲社會中一種常態，卽此可以證明各種生產的勢力已經超越現社會之上，而以生產工具爲私有財產一事，是和這種生產勢力之合理的適用及充分的發達不相容的。

「以生產工具爲私有財產這一樁事以前本是一種保障生產者自己所生產的財產的方法，現在他却變爲一種排斥有產業的農夫，手藝工人，和小商人，的方法了他却變爲一種使不勞動的人，資本家，和大地主占有工人生產物的方法了。　要想大生產事業和繼續增加的社會上的勞力不成爲被掠奪階級的痛苦和壓迫之源，但變爲他們最大的幸福和各方面調和發達之源，那麼，只有將那些由資本主義而起的私有財產，就是生產工具——土地，礦山，原料，器皿，機器，交通機關——轉移爲社會的財產，將貨物生產轉移爲社會主義的生產，這是替社會而生產的，也是由社會生產出來的。

「這種由私產而成爲社會公產的變化，不獨是解放無產階級的一種方法，並且是解放在現時情狀之中感受痛苦的全體人類的一種方法。　但這種事業是勞動階級的事業，因爲別種階級雖因他們的利益互相衝突，然他們總是主張以生產工具爲私有財產的；他們的公共目的是竭力維持現社會的基礎，使他不致搖動。

「工人階級反對資本主義的掠奪所起的爭鬥，必定成爲一種政治上的爭鬥。　工人階級沒有政治上的權利，便不能夠着手實行他們經濟上的爭鬥，便不能夠發達他們經濟上的組織。　他們沒有取得政治上的權力，便不能夠使生產工具變成社會的集產。

「社會民主黨的職務是使工人階級這樣的爭鬥，成爲一種有知覺和有團結的爭鬥，是將他們一定不能免的目標指明出來。

「凡在依資本主義的方法而生產的地方，工人階級的利害關係是相同的。　在一處地方工人的情狀如何，因爲世界商業範圍的擴大，和應世界市場而起的生產事業之發展，是漸次倚靠許多別的地方工人的情狀如何而決定的。　所以工人階級的解放事業，和各文明國的工人都是有利害關係的。　德國社會民主黨承認這椿事是一定的，所以他向各國覺悟自己所處之地位的工人宣佈他的意見。

「德國社會民主黨所爭持的不是什麽新階級的特權和獨享的權利，但是要剷除階級管理和各階級的自身，人人應當享相等的權利，並相等的義務，沒有什麼男女和閥閱的區別。他抱有這種意見，所以他在現社會之中，不獨是反對別人利用和壓迫一般工人，並且反對他們利用和壓迫各階級，黨派，男女，和種族。

「德國社會民主黨因為抱有這些原則，現在他所要求的事件如下：——

「一，凡德意志國年滿二十歲的男女，均須有普通的，平等的，和直接的選舉之權，投票方法以球或紙行之。 採用比例的選舉制度；等到這種制度施行之後，依照人口重行正式分配議員名額。 立法議會的期限，兩年為度。 選舉事務於法定的休業日舉行。 凡代議士是有償的。 關於政治上權利的限制，除特別剝奪選舉權外，一概取消。

「二，藉發議權和複決制的權限，由人民直接立法。 在全國，各邦，各省，和各地方中，人民自治。 一切官吏由人民投票公舉；官吏對於人民當負責任。 人民承認每年納稅。

「三，國民都受軍事訓練。 以國民軍去代替常備軍。 凡媾和及宣戰等事由人民的代表決定之。 以仲裁的方法去妥協國際上的爭端。

「四，凡限制或壓迫言論自由和結社及集會的權利等法律都應當剷除。

「五，凡使婦女不能和男子享受同一利益的各種法律，無論是關於公事或私事，都應當剷除。

「六，宗教是一樁私事，應當明白宣佈出來。 凡公共的款項不能應用於教會或宗教的事業上。 凡教會或宗教的團體當認為私人的結社，他們在一種完全獨立的狀態之中，管理他們的事務。

「七，學校中不渾入宗教。 人民有入國民公共學校受教育的義務。 在國民公共學校中，凡教育，學術上一切用品，和衣，食，費等項，都無須納貲，凡男女學者，依照他們的才能，可以深造的，升入各高等教育機關，一切費用都是一樣地免繳。

「八，裁判事務的管理和法律上的顧問，都是不徵收經費的。 裁判事務是由人民舉出來的裁判官所管理的。 凡刑事案件當訴諸法律。 凡無罪的人受了枉告，監禁，和處罰，當給予賠償。　取消死刑。

「九，凡醫藥的療治，如產科及診治用品等，也包括在內，都是不收費的。　埋葬等事由公家負責，不須私人出貲。

「十，徵收遞加的進款稅和財產稅，作爲各種公共經費，因爲這些經費本是以賦稅充用的。　每個人對於國家負有報告他的進款或財產數目的義務。　徵收相續稅，所收的稅額，依照財產的總數和親族的關係而決定之。　取消各種間接稅，海關稅，和別種財政上的限制，因爲這些東西爲了少數享特權者的利益，犧牲了集合的利益。

「德國社會民主黨因爲保護工人階級的緣故，所要求的事項如下：——

「一，保護工人，須以下列各項爲基礎，實現一種有效力的國內和國際的立法：——

「a. 規定一種經常的工作時間，每天不能超過八點鐘。

「b. 禁止未滿十四歲的小孩子因爲賺錢而作工。

「c. 除掉因工業的性質，藝術的理由，或公共幸福的緣故，須實行夜間工作外，凡通常工業不得令工人在夜間繼續作工。

「d.每個工人每星期至少須接續休息三十六點鐘。

「e.禁止以貨物代工資的制度。

「二，以全國的勞動部，地方勞動公所，和勞動總會，去監督各種工業上的組織，調查並且整頓各城鎮和鄉村中勞動的情形。　須實行一種極完善的工業衞生制度。

「三，凡務農的勞動家和傭工，應當與作工的工人居於同等地位，凡以前的傭工規則應當取消。

「四，凡集會結社的權利應當切實保障。

「五，由德意志國家承辦全體工人的保險事業，而在這種事業管理之中，使一般工人得爲有效力的共同參加。」

我們對於以上的黨綱如果加以考慮，我們便知道他們是以集產主義作爲長期的歷史發展中一種目標。　但是要達到這種目標，德國工界須以一種自覺的，明哲的，和有組織的行動，和各處工界通力合作。　這就是他們黨綱中的第一步。　他們黨綱的第二步就是將社會政治的措施和組織詳細說明出來，於是以現社會爲基礎，依照這種措施和組織，向着他們的目標前進。　他們的目標就是集產主義，所以集產主義就是他們黨綱的中心點。

這種黨綱是很長的，要加以討論，便可引起許多議論出來，一般社會民主黨人經過幾世，潛思苦索，想出許多方法，現在這種黨綱眞正可以說是將他們許多思想都總括起來了。在這種黨綱之中，馬克思的唯物史觀和贏餘價值論，沒有表現出來，然一班注重馬克思這兩條主要原則的人，或以爲此等原則包含在這種黨綱裏面。　德國社會民主黨構成他的黨綱所取的普通途徑，大概是由馬克思所闡明出來的，然他決不是如普通一般人所猜測，以爲他的黨綱是完全依據馬克思的特別學說造成的。　我們可以相信這種黨綱的各要點將爲德國勤敏通達的工界以後幾十年討論和教育的資料。　這種黨綱在社會經濟和政治的範圍內，將他們的思想，利益，熱望，和理想，都聯合成爲一體了，但他却不是代表一種什麽固定的教義，他是一種活潑潑的信條，反映一種活潑潑的運動。

我們已經將德國社會民主黨從一千八百六十三年到一千八百九十三年的事實簡單說明出來了。這種時期是很短的，但是在這種時期之中，卻極富於變遷和煩惱的事實。這一黨是從一種極困難的境遇之中戰勝出來的。我們曾經看見他起首時何等微弱。我們也曾經看見他步步為德國警察所跟隨，受過多少困苦。普魯士和德意志的執政者對於壓迫和殲滅社會主義的運動，真正是用盡方法了。

我們回顧這一黨的發達史，我們相信在某幾種極關緊要的時期中，他的領袖應當具有一種更大的才智和真知。他們應當承認普魯士的霸權在完成德意志統一中是一種不可免的事實。畢士馬克的事業至少在這一方面是極有進步的。我們可以大膽說，德意志的統一和復興，決不是一種說空話的機關，如一千八百四十八年的佛郎克佛議院所能夠完成的；我們知道除掉普魯士的武力外，再沒有別的勢力能夠使這種偉大的事業達到成功的地步。我們還可以說現在社會民主黨所持的拒絕政府預算案的政策，如果真正有妨害於德意志的行政權，那麼，這種政策對於歐洲的現狀為害將達於極點。里布奈西這一類的人因為貴族黨歷來就壓制貧民，便非常懷恨，這也是自然的結果；但是貴族黨向來就是政治上和軍事上勢力的領袖，他們已經有了這種歷史上的大職務，他們已經應用他們勢力使德意志再成爲一個國家。我們可以說他們造成新德意志的方法不是一種理想的方法；但是一種實在的方法，這不是馬克思或里布奈西那種革命的急躁性所能夠遏住的，也不是他們那種革命的急躁性所能夠顛倒的。

德國社會民主黨經過許多困苦之境，不得不遇事謹愼，不得不竭力養成守紀律，忍耐，嚴肅，和自制諸美德。有許多會員——內中著名的是穆司特（Most）和哈色曼（Hasselman）兩人——極力主張對於當局採用一種無政府主義的抵抗政策，但是這種傾向極爲大多數黨員所反對。穆司特和哈色曼兩人因不肯服從黨綱，遂被逼出黨。在這一黨中凡鼓勵無政府主義的學說或實行的計畫都爲黨中所禁止。德國警察因爲要陷這一黨，便使人在黨中提倡這種計畫，然他們所得到的成效却很有限度。

德國社會民主黨在困苦的經驗之中，却有一種極好的效果，就是他將一班不十分熱心於工人主張的人，都排除出來了。　有許多幻想家，乖僻的熱心家，冒險家，語言無味的空談家，和慣於譏刺及麻木不仁的悲觀者，加入一種新運動，他們並不是眞正喜歡這種主張，不過是因此他們可以得到一種出主意和演說的機會，可以將現社會的罪惡宣佈出來，盡情痛罵一番，新運動中如社會主義一項要是將這些人從上等階級和中等階級招引進來，那便是他的大不幸。　當社會主義正在盛行之際，德國反對社會主義的法令出現了，社會民主黨因爲這種法令，遂沒有引入上面所說的那些危險人物。

德國社會民主黨自起初一直到現在優越的地位，從來沒有得過什麼才具極優的首領之助力，這是他的發達中一種最重要的特點。　這一黨已經有了許多忠實的首領。　里布奈西擔任黨中事務，在五十年以上，當時黨中人被放逐，控告，監禁，和受困苦挫折等事屢見疊出，後來才有一種比較勝利的時期，里氏自始至終是革命的主張中一個不屈不撓的武士。　柏白爾主持黨務，也有五十年之久，他也是一樣地不屈不撓，一樣地勇敢。　此外還有許多人如漢森格例威，奧爾(Auer)和威爾馬(Vollmar)(威爾馬仍然在世)都具有能力，先後替黨中服務許多年。但是在這些人中間，沒有一個人可以說是有極大的天才的，卡斯天和考茨基（Kautsky）可以算爲近來這一黨著名的理論家，他們的知識，判斷力，和識見都不錯，但是他們要和馬克思及拉塞爾的天才相比較，那就差得很遠啦；馬克思和拉塞爾在工界歷史中所以占重要位置全由於他們具有這種天才。德國社會民主黨既具有這種情形，我們當認清這種運動的起源是由於兩個具有天才的首領之力，但是在他的發達之中，他是以德國一般貧民的心思才力爲根據的。

當德國一般工人沒有別的東西可以指導他們的時候，他們便依賴社會民主黨做他們的中心點。一般工人覺得四圍的環境都是變幻無常的，黑暗的，不順利的，然他們却可以信任這一黨，得到他的友誼的和無私心的忠告。在德國工人中常有同盟罷工的風潮發生出來，社會民主黨的領袖極力替他們籌畫一切，這些領袖卽刻便覺得要使工人對於他們的地位有所覺悟，同盟罷工是一種印象最深的實物教課。大隊的工人受了同盟罷工嚴厲和實在的教訓，都跑到社會民主黨這一邊來了。

德國社會民主黨主張引出各階級中許多竭誠相助的人。當一千八百七十二年里布奈西和柏白爾在來比錫受了大審判之後，法庭判决他們兩人當在一個礮台內受兩年監禁，他們說很願意受這種徒刑，因爲他們因此可以得到一種很好的機會，逆着德意志的志願，從事於社會主義的傳播。當審判時共經過十四日之久，他們當辯護的時候，詞鋒犀利，竟能夠消去世人的成見和誤會，使德國輿論傾向於社會主義一方面。

一千八百七十八年三月十日柏林工人舉行遊街大會，在社會民主黨的歷史上各事件中，這樁事可以看做最關緊要的。這種遊街大會就是漢碩(August Heinsch)的葬式。漢碩不過是一個排字匠；但是他却配受無產階級的崇拜，因爲他在柏林替他們組織選舉事務，得到勝利。他是因肺病而死，一般社會主義者稱這種病爲貧民病，因爲這種病常由於在不衞生的狀況中作工而起。漢碩既得了這種病，又因他對於公共的主張不顧自己的利害努力過度，病遂加劇，以致不起；於是柏林工人決定舉行一種莊嚴的遊街大會以誌紀念。當漢氏的靈柩由柏林東部工人所住的區域經過之時，許多屋頂上和窗戶中都有黑旗飄揚，好幾十萬人民充滿街巷，都將他們的帽子脫下，表示敬意和同情。好幾千工人組成密集陣，跟着靈柩走，一直達到埋葬之處。

在德國社會民主黨各種事業中有一種最顯著的特點，就是他已經使一般貧民變成一種節儉的，勤勵的，和守法的人民，己經使他們對於公共的主張具有一種善於犧牲的精神。這一黨的黨綱和主義在過去的時候有許多地方已經改變了，在將來的時候，一定也是會改變的，因爲德國社會民主黨是一種富於生機的運動。凡新時代一定將有新要求出現，所以須有新方法去應付他。我們希望這種新時代也將有一種更擴大的和更淸晰的見解，並且將有一種更完全的智慧，因爲缺乏智慧，就是有組織的勢力也是沒有益處的。

德國工人具有一種忠誠的德美，社會民主黨的領袖所應負的責任，就是引導他向一種合理的，實在的，和有效果的途徑進行。他們和德國生活的全部趨勢已經分離了，不知道這是他們的不幸，還是他們特意出此的。他們對於國家，城市，和地方區域的事業，從來不甚參加。這一黨起初便反對德國協作的大運動。

德國社會民主黨的學說和理想應當用於社會中實在的事業上，使他受一種試驗，得矯正他不對的地方，這是最要緊的。黨中領袖都一致主張做事時採用合法的和和平的方法。關於此點，他們和現制度的代表或都作同一的主張，這或者就是他們兩方將來關係親密的基礎。

社會主義史上卷終